超訳より超実践
「紙1枚！」松下幸之助

浅田すぐる
Asada Suguru

PHP

序章 「超訳」を超えて

▼色々学んでも「実践できない人」vs.
学びを「実践できる人」

「ビジネス書を何冊読んでも、あまり仕事に活かせなかった経験ばかりです……」

「色々学んでも行動に移せず、いつも身につかずに終わってしまいます……」

「なんとなく先が不安で、何をやるにしても考えすぎて結局止まってしまいます……」

これらは20代の頃、仕事をしながら実際に私が感じていたことです。

いまこの文章を読んでいるあなたに、なにかしら重なるところはあるでしょうか。

本書は、こうした本音を抱えながら、日々の仕事に奮闘しているビジネスパーソンをサポートするために書きました。

あるいは、これまでたくさんのビジネス書を読んできた結果、

「ビジネス書なんて役に立たない」「どうせどれも同じだ」


という冷めた心境になってしまっている人にも、ぜひ本書を読んでほしいと思います。

もし、少しでも心当たりがあるのであれば、次の質問に答えてみてください。

ビジネス書や自己啓発書、実用書を読む時のあなたのスタンスは、次の3つのうちどれに近いでしょうか？

スタンス1：書いてある内容が「わかったら」やってみる
スタンス2：書いてある内容が「やる気になったら」やってみる
スタンス3：書いてある内容を「とにかく」やってみる

もしあなたが、スタンス1の「わかったらやる」タイプの読者なのだとしたら、あるい

は2の「やる気になったらやる」タイプの読者なのだとしたら……。

そうした読書スタンスこそ、あなたが「ビジネス書を読んでも仕事に活かせない」「色々学んでも身につかない」「あれこれ考えすぎて止まってしまう」原因かもしれません。

どういうことか。

まず、「わかったらやる」読書スタンスの場合、本を読んでいて少しでも難しいところ、わからないところがでてくると、もうそれだけで以下のような判断を下してしまいます。

「これは自分には合わない」「この手法はピンとこない」「イメージがわかない」等々、なにかしら理由をつけて、実践へのスタートを切ることすらできません。あるいは、たとえはじめられたとしても、ほんの少しでも「わからない」と感じてしまったら最後、すぐに継続することをやめてしまいます。

「え、わからないところがでてきたらやらないって、当たり前のことなのでは？」

と感じてしまった人ほど、以降を注意深く読み進めていってください。

続いて、本の内容が面白かったらやってみる、すなわち感情が刺激されて「やる気になったらやる」というスタンス2の読者も、やはり実践にはつながりにくいようです。

より正確に言うと、実践につながるのは「読後3日からせいぜい1週間まで」です。

「三日坊主」という言葉が昔からある通り、私たちのやる気・モチベーションというのは、短期間で枯渇《こかつ》してしまうのが「自然の流れ」なのです。

したがって、本を読んで「やる気になったらやる」と言っているのは、はじめから「三日坊主でやめます」と宣言しているようなものなのです。

一方、スタンス3の「とにかくやる」の場合、こういうことは起きません。「やっているうちに面白くなってくるだろう」「やっているうちに理解もできるだろう」と楽観的に捉えているため、わからなくても面白くなくても関係ありません。

「とにかくしばらくやり続ける」という選択が先にきているのです。

ここが最大のポイントなのですが、ピンとくるでしょうか。

要するに、スタンス3の読者は、「わかれば」「やる気になれば」という「条件つき」で実践するかどうかをそもそも決めていないのです。

とにかく**「行動ファースト」**。読書でも仕事でも、これが基本姿勢となります。

本来ビジネス書は、内容があまりわからなくても、やる気がでなくても、「とにかくまずはやってみて、仕事に役立てていくことができなければ意味がない」と思うのですが、いかがでしょうか。

本を購入する時点では、なにかしら困っていること、解決したいことがあるはずです。そして、現状の自分では課題にどう対処したらいいか「よくわからない」からこそ、本に助けを求めるわけです。

いま「よくわからない」と書いた通り、自身に不十分な知見しかない前提で読む以上、読んでもピンとこない部分があるのは、むしろ自然なことなのです。

にもかかわらず、少しでもわからないところがでてきたら最後、「自分にはまだ早い」「もうやめよう」と判断してしまう読者がいる。

残念ながら、学習意欲の高い人、ビジネス書をよく読む人ほど、こうしたアタマでっかちなマインドになってしまっているケースが多いようです。

ここまで読んでみて、いかがでしょうか。

あなたの読書スタンスには、「わかったら」「やる気になったら」という暗黙の前提条件が、忍び込んでしまってはいないでしょうか。この機会に向き合ってみてください。

▼「わかりやすい」だけのビジネス本が、読者の行動を阻害している

「とにかくやる」という行動ファーストの人は、少数派です。

それはなぜか。

ここからは少しマクロ的な話をします。

特に2000年代に入ってから、ビジネス書の世界では「図解でわかる○○」「ストーリーでわかる○○」「マンガでわかる○○」といった本が多数刊行されています。

こうした本は、前述の3つの読書スタンスでいうところの、「わかるか」「面白いか」というニーズに応えた書籍と言えるでしょう。

ところが、そうしたスタイルの本が多数刊行されるようになってもう15年以上経過していますが、「書籍を読んで自身の仕事に活かせるようになった」というビジネスパーソンは、はたして増えたのでしょうか。

むしろ、「ビジネス書なんてどれも同じだ」「くだらない本ばかりだ」「年々、質が低下

している」という批判的な声が増えてきている様相すらあります。

こうした背景から最近のビジネス書の環境を見ていると、率直に言って、

出版社が「わかりやすい」「面白い」本ばかりをつくった結果、「わかっただけで満足」「やる気になっただけで満足」といった読者を増やしてしまったのではないか

そう強く感じています。

「わかれば」「面白ければ」という理由づけがないと、手を動かして実践する気がない。そんな「行動しない」ビジネスパーソンが、読者として増えてしまった。

その結果、本をだす側もそうしたニーズに応えるべく、「図解でわかる」「ストーリーでわかる」「マンガでわかる」系の本をさらに量産していくわけですが……。

こうした展開は、「行動しない」読者を減らす上で、根本的な解決策になっているのでしょうか。私には、逆に「行動しない」読者を増やす「負のスパイラル」に陥っているようにしか見えません。

▼「超訳本」への問題提起

図解・ストーリー・マンガ。これ以外にもう1つ、近年ヒット作が多数生まれたビジネス書のジャンルがあります。

「超訳本」です。

超訳とは、著名な人物の名言について、単に原文を現代語訳するのではなく、訳者の解釈を積極的にくわえ、「わかりやすさ」や「楽しさ」を優先して訳出することです。

しかしながら、私はこれまで、超訳本を読んで「これは素晴らしい」と思ったことが、実はほとんどありません。従来の超訳本は、どれも「わかったらやる」「やる気になったらやる」という読書スタンスを想定したものばかりだからです。

難解な原文を、とにかくわかりやすく超訳する。書籍によっては、原文と超訳の並記や、出典の明記すらしていないものまであります。たしかに「わかるかどうか」を重視する読者であれば、それで「わかりやすい！」となるのかもしれません。

あるいは、見た目の重量感、そして豪華な装丁は「面白いかどうか」を重視する読者の感情を刺激するでしょう。

名言に触れているだけで、なんだか自分も偉人に近づけたような「気分」になれる。あるいは、偉人の名言を繰り返し読んで味わっていると、やる気や元気がわいてくる。ある時ふっと「気づき」が得られ、そうした気づきに「感激」することもあるでしょう。

ところが、スタンス３の「行動ファースト」で本を読んでいる読者からすると、現状の超訳本では困ってしまうことが多々あるのです。

たとえ超訳が施されたわかりやすい文になっていたとしても、相変わらず内容は抽象的なままというケースも珍しくありません。

「やってみよう」という状態になっている読者が、「さて、何から行動に移そうか」と思って現状の超訳本を読んでみても、

「覚悟を決める」↓具体的にどうしたらいいのだろう？
「強く意識する」↓何をしたら意識したことになるのだろう？
「思いを込める」↓どうすれば込めることができるのだろう？

といった、首を傾げたくなるような記述ばかりなのです。

要するに、「何が大事か」は書いてあっても、「具体的に何をしたらいいか」はそもそも書かれていないのです。

これでは、いくら「とにかくまずはやってみよう」というスタンスで読んだとしても、行動に移すことができません。「わからない」以前の問題だからです。具体的に何をしたらよいのかが書いていない以上、「動けない」となるのは当然のことなのです。

以上をヒトコトでまとめると、これまでの超訳本は、

「わかりやすいだけ、読んで楽しいだけで、仕事には役立てにくい」

超訳本に限らず、ビジネス書全般にこうした本末転倒な本は多いのですが、ともかく私が認識している根本的な問題意識について、少しでも理解・共感してもらえるところがあったのであれば嬉しいです。

▼なぜ、いまのビジネス書にこんな問題提起をするのか？

ここで、遅ればせながら自己紹介をさせてください。

私は普段、企業研修や講演・ワークショップ等を通じて「ビジネススキルを広める仕事」をしています。具体的な手法の内容は、

「紙1枚」にまとめる技術

です。文字通り、仕事の資料作成を「紙1枚」で終わらせる技術も扱ってはいますが、もう少し一般化して、〝「紙1枚」による思考整理法〟をメインに伝えています。

・大量の情報でゴチャゴチャになったアタマの中を、3分程度「紙1枚」書くだけでスッキリ整理してしまう方法

・まとめた内容を、短時間で相手にわかりやすく「紙1枚」にして伝える説明力
・「紙1枚」による時間管理や、行動・習慣化のサポート、等々

こうしたスキルを学んでもらうことで、残業削減や営業成績のアップ、職場のマネジメント力向上など、ビジネス上のさまざまな課題を解決し、願望を実現していく。そんな仕事を日々させてもらっています。

また、これまでに3冊のビジネス書を上梓《じょうし》させてもらっている著者でもあります。同時に、普段からビジネス書を愛読する読者として、20歳頃から定点観測的に毎年100冊以上のビジネス書に触れ続けています。だからこそ、先ほど書いてきたような大きな流れをつかむことができているわけです。

本来、ビジネスパーソンの悩みを解決に導くはずのビジネス書が、反対に彼ら・彼女らの「行動ファースト」を妨げている。

こうした現状にたいして、私は強い危機感を抱いています。

「ビジネス書を読んでもなかなか仕事に活かせない」
「ビジネス書なんて役に立たない」

そう嘆いている人たちに向けて、これまで30万人以上の読者（本書の刊行時点）に学んでもらった「紙1枚」メソッドを使って、いままでにない、現状を打破できるようなビジネス書を届けられないものか……。

考えに考え抜いた末にたどり着いたのが、本書でした。

▼いま必要なのは「超訳本」ではなく、絶対役立つ「超実践本」

ようやく準備が整いました。

本書が前提とする世界観・問題意識を共有させてください。

仕事に活かす読書に必要なのは、「超訳本」よりも「超実践本」

「行動ファースト」というスタンス3を後押しできるような偉人の名言本が、もっと日本のビジネス環境には必要なのではないか。

それはむしろ「超訳本」というより、「超実践本」とでも形容すべき新しい内容でなければならないのではないか。

「超訳」と「超実践」。

見た目や頭韻こそ揃っていますが、この2つの言葉は似て非なるものです。本来、並記すべきでない表現かもしれません。

それでも、本書のコンセプトが端的に言語化できているため、あえて採用しました。

いったい、何が異なるのかというと、「主語」です。

「超訳」の主語は、どちらかというと「著者」になります。著者が、いかに難解な原文をわかりやすくかみ砕くか。そういった力量にフォーカスがあたっている言葉です。

一方、「超実践」の主語は「読者」であるあなたです。

読んだ内容をどれだけ仕事に活かせるかは、あなたの実践次第。著者である私にできることは、その後押しのみとなります。その限りにおいて、原文をわかりやすく、あるいは面白おかしくかみ砕くという行為も、時には許されるだろうというスタンスです。

本書は、主役であるあなたが、「絶対に実践し役立てられるビジネス書」を目指して、執筆しました。そのカギとなるメソッドが、先ほども紹介した「紙1枚」書くだけの思考整理法です。私が提唱している〝「1枚」フレームワーク〟という思考整理法は、本書刊行時点ですでに7000名以上の方に学んでもらっているビジネススキルです。

受講者からは、「残業削減につながった」「絶対無理だと言われていた営業目標を達成できた」「昇格試験に合格した」「希望の会社に転職できた」「念願の独立を実現し、1年目からサラリーマン時代の年収以上の額を稼ぐことができた」等々、業界・職業・年代を問わずさまざまなビフォーアフター体験のメッセージを頂戴しています。

「実践しないで済ませがちな受動人間」を、「実践しまくる自立・自律した人間」に覚醒させる。その結果、自身の問題解決や願望実現を成し遂げ、「自由自在」に人生を歩めるようになってもらう。

現代ビジネスパーソンに必須の「自力」と「自信」を、「紙1枚」書くだけで磨くことができる。これが、〝「1枚」フレームワーク〟が支持される理由です。

こうした「紙1枚」メソッドについて、「偉人の名言を実践する」という文脈で活かしたらいったいどうなるのか。

一風変わったユニークな名言集、ここに誕生です！

▼「紙1枚」で松下幸之助とは？

さて、次なる問いは、「偉人として誰を選ぶべきか」です。仕事で実践すべき名言を多数残した人物とはいったい誰なのか。

私がなんとかして取り上げたいと思った人物は、松下幸之助でした。

とはいえ、若手ビジネスパーソンの中には、そもそも松下幸之助が何者か知らないという人も増えてきています。

そこで本書では、ファンの方、愛読者の方はもちろん、まったくのビギナーの方であっても読み進められるよう構成しました。最低限の情報として、

・今年（2018年）で創業100周年を迎えるパナソニックの創業者であること
・「経営の神様」と称され、いまなお人々に影響を与え続けている人物であること

・著書60冊以上、戦後ベストセラー日本歴代2位の発行部数を誇る『道をひらく』など、日本を代表するビジネス書の著者であること

この程度の予備知識があれば十分としておきます。

松下幸之助の生涯や概要についてまとめた書籍は他にいくらでもありますので、本書の読後に触れてもらえれば十分です。

それよりも、この本では、既存の松下幸之助本には見られないユニークな試みにチャレンジしていきます。その試みとは、

「紙1枚」書くだけで、松下幸之助の名言を実践できる方法を徹底解説する

シンプルかつ具体的なアクション・動作を通じて、名言を行動に移すことができる。誰でも仕事に役立てることができる。

「わかって」満足でも、「感動して」満足でもなく、「実践して」満足することができる。

「紙1枚」による、「超訳」ではなく「超実践」的な「松下幸之助」本。

これが、本書のタイトルに込めた世界観です。

▼なぜいま、松下幸之助の名言を実践するべきなのか？

序章で扱いたい最後の問いです。

いったいなぜ、松下幸之助を本書で取り上げるのか。

挙げればキリがないのですが、なんとかその理由を3つに絞り込んでみました。

◆理由その1：松下幸之助は「とにかくやってみる」人の最高峰のモデル

あなたの周りには、「行動ファースト」を実践しているビジネスパーソンがどれだけいるでしょうか。

あるいは、あなたの本棚にあるビジネス書や自己啓発書、実用書は、「行動ファースト」の人が即実践できるような内容になっているでしょうか。

何が言いたいのかというと、

「周りに参考となるような人があまりにも少ない……」

きっとそんな状態の人ばかりだと思うのです。

そんなあなたに、もし私が誰か1人、とことん「行動ファースト」だったビジネスパーソンを紹介するとしたら……。

私のアタマに真っ先に浮かんだ人物は、松下幸之助でした。

松下幸之助は高度な経営知識を学んだわけでもなければ、そもそも大学も高校もでていません。それでも「経営の神様」と称され、いまも多くのビジネスパーソンに影響を与え続けています。

もし松下幸之助が「わかったらやる」タイプの「思考ファースト」人間だったとしたら、間違いなく「わからないことだらけ」だったはずです。

アタマでっかちのせいで身動きがとれず、歴史的な偉業などなしえなかったでしょう。

あるいは、松下幸之助は若い頃から病弱でした。療養を余儀なくされ、満足に仕事ができない時期すらありました。

「やる気になったらやる」といった観点でも、「モチベーションを保つことが非常に難しい」場面が多々あったのです。

それでも、ものごとを前向きに解釈し、淡々と日々できることを積み上げ、「とにかくやってみる」をやり続けた人。

それが松下幸之助です。

何かにつけてやらずに済まそうとしがちな現代ビジネスパーソンやビジネス書の読者にこそ、松下幸之助の言葉にたくさん触れてほしいのです。

そして自身に、実践志向の働き方をインストールしていってほしいのです。

◆理由その2：松下幸之助だからこそ、「超訳」より「超実践」

イエス・キリスト、ニーチェ、ブッダ、孔子、空海、吉田松陰、等々……。

超訳本の題材となる人物の原書や言行録等は、基本的に難解なものばかりです。

それに比べ、松下幸之助の発言は非常にわかりやすい。

比喩・たとえ話・体験談を多用する口語的な語り口のため、イメージがわきやすい文章も多いのです。

意欲的な学生であれば、十分に読みこなせると思います。実際、私は大学時代、図書館にこもって『松下幸之助発言集』などの著作を何十冊も読み漁《あさ》っていました。

そもそも松下幸之助は平易な表現が多く、超訳本の題材として向かない人物なのです。見方を変えると、現状の超訳本が「実践」をあまり志向していないからこそ、これまで対象として選ばれなかったとも言えます。

今回は、「超訳で理解して満足」ではなく、「超実践的な学びを得て、仕事に役立てて満足」することが目的です。松下幸之助は、本書がチューニングを合わせるこうした世界観にピッタリの人物だと言えます。

「日々の働き方にどう活かすか」という軸足から一切ブレることなく、名言と実践法をセットで紹介していきます。

松下幸之助の名言に今回はじめて触れる人はもちろん、すでに名言を多数知っている人であっても、「いざ実践しようと思うと何をしたらいいかわからない……」という状態だったのであれば、この先の第1章以降を楽しみにしていてください。

◆理由その3：心身ともに疲弊した現代人にこそ松下幸之助が必要

先ほども触れたように、松下幸之助は若い頃から病弱でした。

実は私も、病弱とまでは言いませんが、幼少期から人並み以下の体力しかありませんでした。サラリーマン時代も、毎週のように週の後半には息切れし、週末にはフラフラで寝込んでしまう。そして気づけばもう日曜日の夕方だった、なんていうことが何度もありました。

ストレスから心身ともに調子を崩し、一時休職していたこともあります。独立した理由も、色々ありますが「自分のペースで働きたかったから」というのが個人的には大きかったりします。

そんな虚弱系起業家ですから、周囲のエネルギッシュな起業家からの、「最初の3年は寝る間も惜しめ」「成功したかったらとにかく動き続けろ」「いまの年齢なら少々徹夜しても死なないから」といったアドバイスには、ただただ閉口するばかりでした。

身近にいる成功者は、独立してからも、パワフルな熱血漢ばかりで参考になりませんでした。そんな私の支えとなったのが、松下幸之助の著作でした。本を読むたびに、

「この程度でクヨクヨしている場合じゃない」
「自分のような人間でもまだまだなんとかなる」
「毎日コツコツ、できることを積み上げていこう」

という具合に、何度も元気をもらいました。

ここまで、自分の弱みをつらつらと書いてしまいましたが、こうした内容に共感する読者はきっと少なくないはずです。

かつての私と同じように、心身に不調をきたしたことがあるビジネスパーソンは、いまの時代、とても多いと思います。

不調とまではいかなくても、なんとなく精神的にも肉体的にも疲労感を覚えている人となれば、その数はもっともっと増えるでしょう。

そんな心身ともに疲弊している現代ビジネスパーソンにこそ、松下幸之助の著作を読み、その言動から勇気をもらってほしいと思います。

我々よりもはるかにシビアな環境で、健康上の問題も抱えながら、いまの自分たちが抱えているよりタフな仕事上の問題を数多く乗り越えてきた人物。

そんな日本人がかつて（というほど昔ではないのですが）いたのだということを、ぜひ知ってほしいのです。

本書は名言よりもその実践法の解説に重きを置いていますが、できるだけ名言の前後の文章も掲載するようにしました。

本書を読んだだけでも、前向きな心境になれるよう構成したつもりです。

今回の読書体験が、実践のベースとなる明日への活力にもつながっていけば幸いです。

以上、この序章の中で1つでも響くポイントがあったのであれば、どうぞ最後までお付き合いください。

それでは、本文でお会いしましょう。

序章

「超訳」を超えて

第1章 ポジティブ・フォーカス

困っても困らない

第2章
自身の働き方を改革する

第3章

人と関わる働き方を改革する

長所を見ることに七の力を用い、欠点を見ることに三の力を用いる

衆知を集める

素直な心

装幀：井上新八
本文デザイン・図版作成：桜井勝志

第1章

ポジティブ・フォーカス

本書で紹介する松下幸之助は、
病弱で、学歴もなく、貧乏だったところから、
「経営の神様」と呼ばれるまでになった人物である。

いったいどのような世界観で、
日々の仕事にあたっていたのだろうか？

本章では、松下幸之助の原動力となった
「ある心の在り方」を身につける方法について、
まずは紹介していくことにしよう。

困っても困らない

事前準備ワーク①
まずは「エクセル1」の書き方から

「困っても困らない」

これは松下幸之助の名言の中でも、大変有名なものです。

ただ、いざこの言葉だけを抜き出してみると、初見となる読者の大半は意味がよくわからないと思います。実際、学生時代にはじめてこのフレーズを見た時は、私も「ん？」と首を傾げた記憶があります。

現時点で内容がわからなくても、どうぞ安心してください。

むしろ中身を知らないほうが、これからのワークを楽しめます。

それでは、事前準備ワークの内容を紹介していきます。いったいどんなことをやりたいのかというと、序章で紹介した、

「紙1枚」にまとめる技術

について、あなたにさっそく体験してもらいたいのです。

まずは手元に、

・白紙のコピー用紙

・緑・青・赤のカラーペン

を用意してください。本書ではA４のコピー用紙が手元にあるという前提で説明していきますが、別サイズでも、裏紙でも、ノート・メモ帳等でも、もちろんOKです。

また、カラーペンの色も緑・青・赤の３色を前提に説明していきますが、この３色でなくてもかまいません。

・手に入りやすい

・視覚的にもわかりやすい

・色彩心理学的に質の高い思考整理を促してくれる色

等々の理由からこの3色を推奨していますが、ともかく手持ちのペンでさっそく取り組んでみることを優先してください。

ここはぜひ、序章の内容ともつなげて理解してほしいのですが、本書は「超訳本」というより「超実践本」です。学生時代に取り組んだ受験参考書や問題集を解くようなイメージで、たくさん手を動かしながら読み進めるようにしてください。

準備はできたでしょうか。

それでは、事前準備ワークをはじめていきます。

まず、A4のコピー用紙が手元にある方は、それを半分に折ってください。そうすればA5サイズになりますので、それをヨコ長にして目の前に置いてください。

続いて、緑色のカラーペンで、左右の真ん中にタテ線を1本引き、次に上下の真ん中にヨコ線を1本引いて、4つの枠＝フレームをつくってみてください。

さらに、それぞれのフレームについて、先ほどと同じように左右の真ん中にタテ線を1本ずつ、上下の真ん中にヨコ線を1本ずつ引いてください。これでフレームの数が全部で16個になるはずです。

実際にはあと4本ヨコ線を引いて、フレーム数32で使うことも多いのですが、今回は16のままで大丈夫です。

完成したら、一番左上のフレームに「今日の日付」と「テーマ」を書きます。日付は、この本を読んでいる日、テーマのところには「カラダの状態は？」と書いてください。ここまでで、緑色のカラーペンのパートは終了です。

今後、この「1枚」の紙に書いた「緑色のフレームの集合体」を「エクセル1《ワン》」と呼びます。マイクロソフト社のアプリケーションであるExcelの画面のように、「1枚」の紙に格子状のフレームを書いて、手書きで活用していくため、この名称を使っています。

なお、「エクセル1」をはじめ、私が提唱している〝「1枚」フレームワーク〟というビジネススキル＝「紙1枚」にまとめる技術にはいくつもの種類があります。ただ、本書は「エクセル1」のみですべて実践できるように構成しました。本当にカンタンな手法なので、繰り返し書いて一気に身につけてしまってください。

ところで、なぜこんなフレームつきの「紙1枚」を用意するのか。挙げればキリがないのですが、主な理由を3つに絞って説明します。

図1　「エクセル1」のつくり方①―― 緑色ペン

①緑色のペンで、ヨコ長の紙に枠=フレームの数が16個になるよう上下左右に線を引く

②緑色のペンで、一番左上のフレームに「今日の日付」と「テーマ」を書く

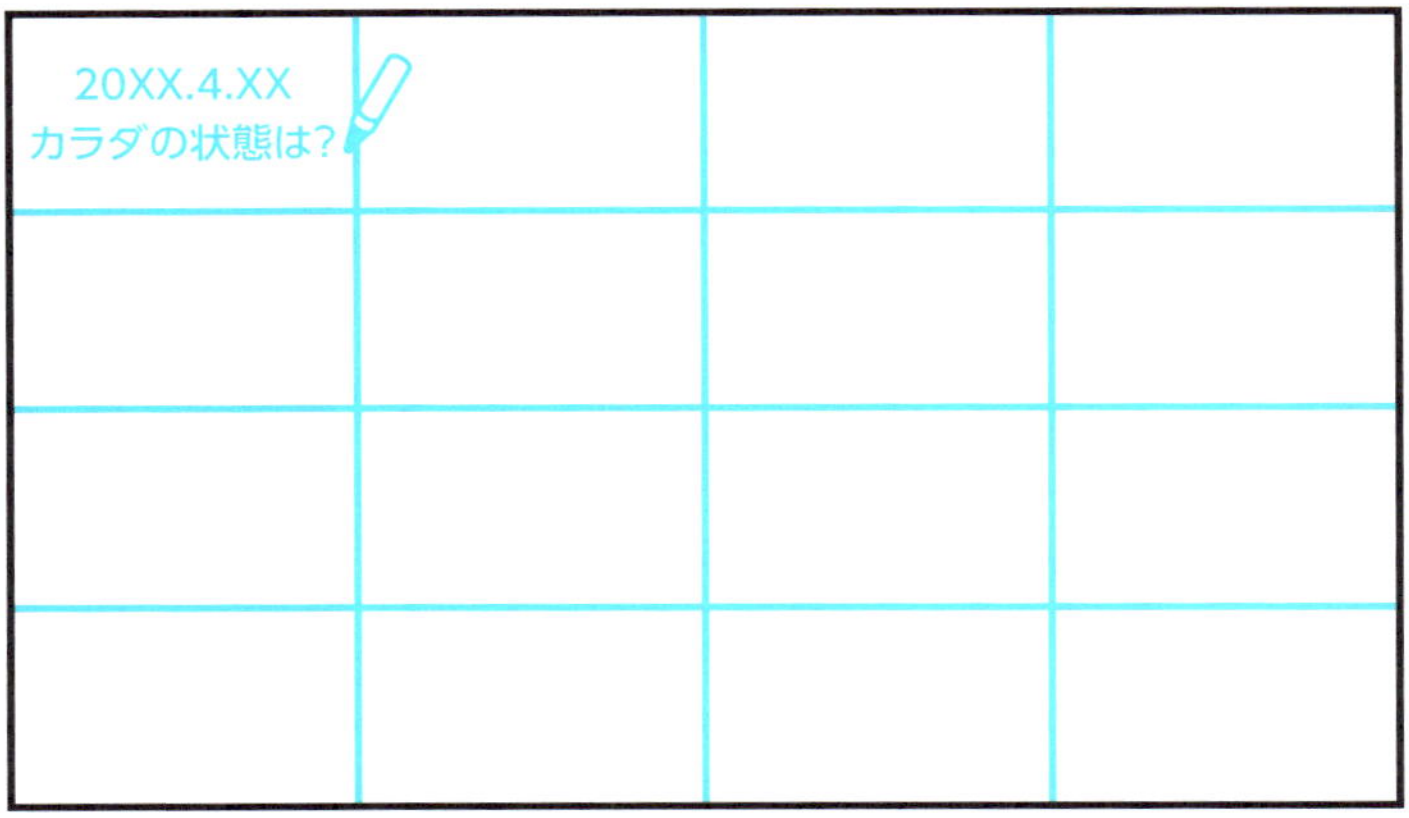

1つ目は、多くの人がやっている通常の箇条書き、あるいはビジネス書好きの人に愛好者が多い、放射線上に好き勝手書き出していくスタイルに比べ、フレームがあると「埋めやすい＝キーワードが出しやすい」という利点があります。

次に、これは体感してみないとわからないことなのですが、他のスタイルに比べてキーワード間のつながりが「見えやすい」、すなわち「思考整理しやすい」という理由もあります。これが2つ目です。

最後の3つ目は、右記の2つの理由により、他のスタイルより「短時間」での思考整理が可能になるという点です。ビジネススキルである以上、「短時間」でできるかどうかというのは、非常に重要なファクターです。

本書は「エクセル1」の背景やメカニズムの解説を主目的とした書籍ではありませんので、ここまで説明した書き方さえわかれば、大丈夫なよう構成してあります。

あとは「ともかくやってみよう」というスタンスで、まずは「素直に」このやり方を試してみてください。何度か書いてもらえば、3つの理由を体感できます。そうすれば、もう従来の思考整理法、ノートテイキング法には戻れなくなるでしょう。

では、今回の「カラダの状態は？」ワークの説明を続けます。

ここからは青色のカラーペンに切り替えてください。いまから3分程度の時間をかけて、自身の「カラダの状態」について感じたこと・気づいたことを、青ペンで空白のフレームの中に書き込んでいってください。

「腰が痛い」「左手中指の爪が割れている」「髪が伸びてきた」等々、どんな些細《ささい》なことでもかまいません。フレームに収まる程度のキーワードや短文（長くても2行程度）で、サクサクと埋めていってください。15個の空白すべてを埋めることが目的ではありません。半分以上埋まれば十分ですので、まずは3分間、気軽に書き出してみてください。

なお、今後もたくさん「エクセル1」を書いていきますが、基本的には「全部埋めること」ではなく、「制限時間」を優先してください。

（3分程度、実際に書き出してから以降を読み進めてください）

無事に書けたでしょうか。とてもシンプルなプロセスでしたが、緑ペンに続き青ペンのパートもこれで終了です。残りの1色である赤ペンのプロセスについては、後ほどやって

図2　「エクセル1」のつくり方②――青色ペン

青色のペンで、「テーマ」について感じたことを空白のフレームに書き込んでいく

20XX.4.XX カラダの状態は?	たまに 頭痛がする	鼻水がでる	虫歯がある
肩がこる	よく眠れている	1日中 座りっぱなし	猫背
目がかゆい	のどが痛い	胃腸の 調子がいい	
髪が 伸びてきた	風邪気味	昔より太った	

もらいますので、最初のワークはこれでいったん中断にします。

事前準備ワーク②

日々の仕事の振り返り

さて、同じ要領でもう1枚だけ、「エクセル1」を書いてください。A4のコピー用紙を半分に折っている人は、ちょうどもう半分が余っているはずなのでそちらを使ってください。

まず、先ほどとまったく同じように「エクセル1」を書きます。フレーム数は16でOKです。日付も先ほどと同じになると思いますが、今度はテーマを「今日の出来事」もしく

は「昨日の出来事」としてください。

いま、このページを読んでいるタイミングが夕方以降の方は「今日の出来事」、それ以外の時間帯の方は「昨日の出来事」のほうが書きやすいでしょう。

また、「昨日は仕事が休みだった」という方は、「先週の出来事」としてもらってもかまいません。ともかく、直近の自身の仕事ぶりを振り返って、やったこと、起きたこと、会った人などについて、浮かんできたキーワードを書き出していってください。

「プロジェクトが完了した」「上司に怒られた」「残業が多かった」等々、事の大小・軽重はバラバラでかまいません。これも先ほどと同じく、キーワードか短文でサクサク埋めていってください。

（3分程度、実際に書き出してから以降を読み進めてください）

無事に書けたでしょうか。この「紙1枚」もあとで使います。

事前準備ワークはこれで終了にして、いよいよ名言の解説に進みたいと思います。

図3　「事前準備ワーク②」の記入イメージ

20XX.4.XX 昨日の出来事	新規プロジェクトの打ち合わせ	企画書の作成・提出	各種メールの返信
21時まで残業	準備不十分で上司に怒られた	定例会議への出席	今後のタスクの洗い出し
企画のアイデア出し	取引先とのランチ	お礼状の執筆	
遅れていた仕事のリスケジュール	同僚の仕事の手伝い	クレーム対応	

▼「困っても困らない」が意味するものとは？

改めまして、第1章で紹介する名言は、

「困っても困らない」

です。本章の冒頭でも書いたように、現時点でこの言葉の意味がわからなくても、まったく問題ありません。松下幸之助の世界観を、これから存分に味わってみてください。

まずは名言の前後の文章も含めて、引用してみます。

ひろい世間である。長い人生である。その世間、その人生には、困難なこと、難儀なこと、苦しいこと、つらいこと、いろいろとある。程度の差こそあれだれにでもある。自分だけではない。

そんなときに、どう考えるか、どう処置するか、それによって、その人の幸不幸、飛躍か後退かがきまるといえる。困ったことだ、どうしよう、どうしようもない、そう考え出せば、心が次第にせまくなり、せっかくの出る知恵も出なくなる。今まで楽々と考えておったことでも、それがなかなか思いつかなくなってくるのである。とどのつまりは、原因も責任もすべて他に転嫁《てんか》して、不満で心が暗くなり、不平でわが身を傷つける。

断じて行なえば、鬼神《きじん》でもこれを避けるという。困難を困難とせず、思いを新たに、決意をかたく歩めば、困難がかえって飛躍の土台石となるのである。要は考え方である。決意である。困っても困らないことである。

人間の心というものは、孫悟空《そんごくう》の如意棒《にょいぼう》のように、まことに伸縮自在である。その自在な心で、困難なときにこそ、かえってみずからの夢を開拓するという力強い道を

『道をひらく』

歩みたい。

「困っても困らない」は、松下幸之助最大のベストセラー『道をひらく』などにも登場する有名な言葉です。

今後、あなたが「偉人の名言を実践できる人になりたい！」と考えているなら、何よりも先に、このフレーズを身につける必要があります。

ただ、代表作からまずは1箇所ということで引用してみたものの、たとえ前後の文脈があってもまだピンとこない人は多いはず……。

そこで、さらにシンプルに、超訳的な言い換えをしてしまいます。

この名言は要するに、

「何事もポジティブ・フォーカスであれ」

というメッセージです。どんなに理不尽で不条理な出来事に直面したとしても、常に前向きに捉えていく。それが、後に紹介する他の名言を実践する上でのベースにもなっていきます。だからこそ、最初にこの言葉を選びました。

ところが、「自分も松下幸之助にあやかりたい」と願い、数々の著書を手にする人の多くが、この「ポジティブ・フォーカス」のところで早くもつまずいているようです。

▼人は誰しも「ネガティブ・フォーカス」!?

そう書く理由を、これから明らかにしていきましょう。

先ほど、「カラダの状態は?」というテーマで書いてもらった「エクセル1」を見てください。今度は青ペンではなく赤ペンを使います。いまから1つ質問をしますので、該当するキーワードを赤ペンで丸く囲っていってください。

では質問します。

「書き出したカラダの状態リストの中で、ネガティブな内容のものはどれか?」

たとえば、「右目がよく見えない」と書いていれば、これはネガティブな内容ですから赤ペンで丸く囲ってしまってください。一方、もし「左目のほうがよく見える」と書いていたのであれば、これはポジティブな内容ですから丸で囲う必要はありません。

イメージはつかめたでしょうか。それでは、1分間ほどでこの赤ペンプロセスを終えたら、また本文を読むようにしてください。

（1分程度、実際に囲むプロセスを終えてから以降を読み進めてください）

さて、いかがだったでしょうか。

おそらく大半の方が半分以上、場合によってはすべてのキーワードを赤ペンで丸く囲むことになってしまったのではないでしょうか……。

実際、私が主宰するワークショップの受講者に同じワークをやってもらうと、人によっては愕然《がくぜん》・呆然《ぼうぜん》となってしまいました。

この「エクセル1」を通じて、あなたに体感してほしかったことは、

図４　「エクセル１」のつくり方③――赤色ペン

赤色のペンで、該当するものを丸で囲む

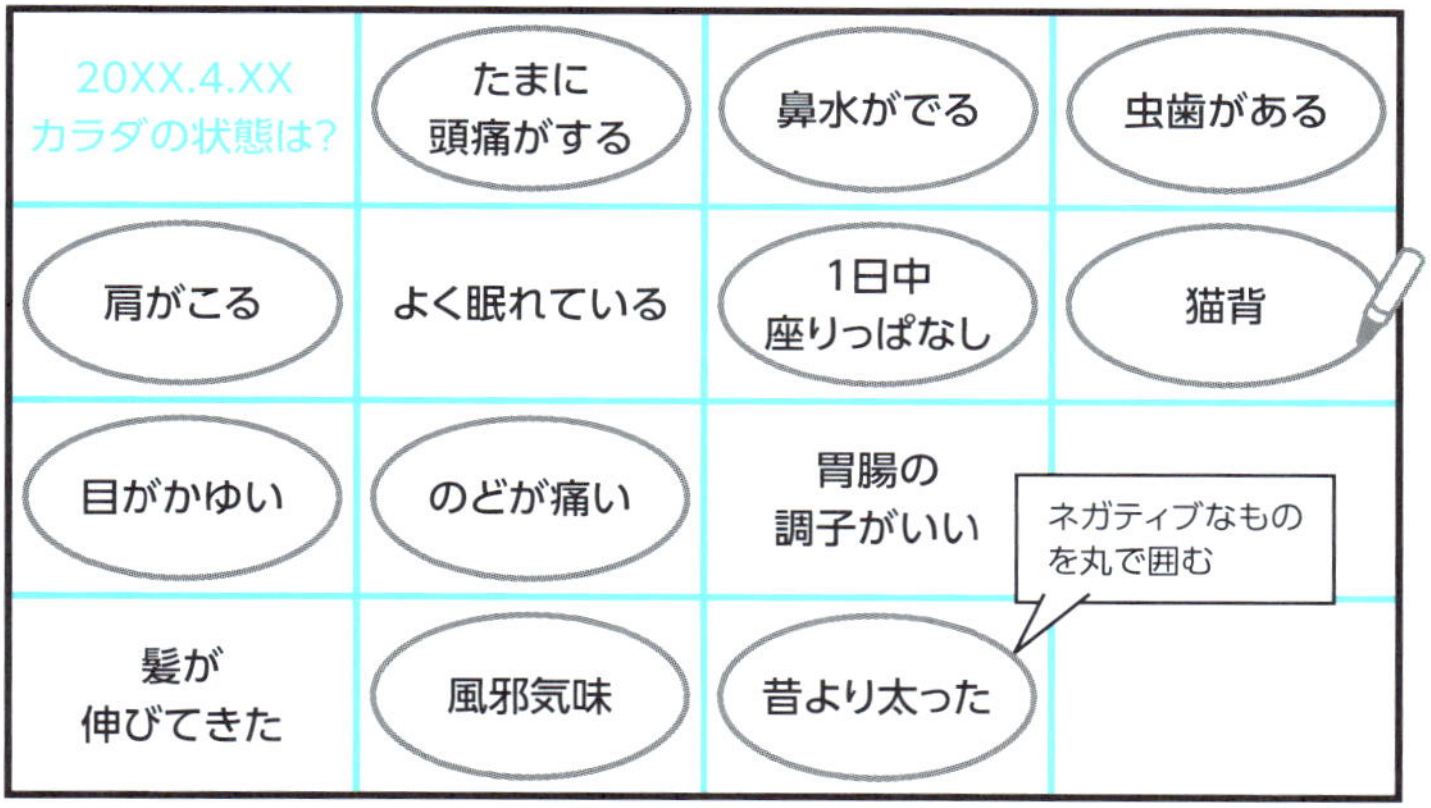
20XX.4.XX
カラダの状態は？
たまに頭痛がする
鼻水がでる
虫歯がある
肩がこる
よく眠れている
1日中座りっぱなし
猫背
目がかゆい
のどが痛い
胃腸の調子がいい
ネガティブなものを丸で囲む
髪が伸びてきた
風邪気味
昔より太った

人は誰しも、カラダに関しては「ネガティブ・フォーカス」

という事実です。

人間には、防衛本能が備わっています。したがって、

「どこか悪いところはないか？」

「もし悪いところがあれば早急に対処しなければいけない」

「大丈夫と思っているのは錯覚で、きっとどこかに悪いところがあるに違いない」

といった具合に、あなたの認知機能は絶えずネガティブにチェックすることを基本としています。「ネガティブ・フォーカス」に関

しては達人と言ってもいいでしょう。

もちろんこれは、生命維持上とても大切な習慣です。ところが、こうした傾向にあまり無自覚なまま生きていると、知らず知らずのうちに「ネガティブ・フォーカス」が伝染していきます。

カラダの認知以外のあらゆる思考についても、同様の「ネガティブ・フォーカス」がデフォルトになってしまい、極端な場合、それが「自分の性格だ、人格だ」と固定化すらしてしまいます。

結果、仕事をしていても以下のような解釈が習慣化していきます。

「なんであいつはこんなにミスばかりするんだ」

↓実際はこの1年でたった数回しかミスをしていないにもかかわらず

「なんてひどい対応の会社だ」

↓すでに10回以上リピート発注して毎回満足していた取引先にもかかわらず

「目標台数を3台しか超えられなかったじゃないか」

↓目標を達成している人が他にはほとんどいないにもかかわらず

ちなみに、企業研修をしていると、グループワークで私がどんなにカンタンなお題をだしても、相槌《あいづち》のように「難しいですね……」と言って話しはじめる人がいます。「ネガティブ・フォーカス」が口ぐせレベルで習慣化してしまっているため、ワークの難易度に関係なく「難しい」というリアクションをしてしまうのです。

こんな精神状態では、「困っても困らない」の実践はまず無理でしょう。困ったら居酒屋でグチを言うだけで、仕事は一向に前に進みません。

とはいえ、これはカラダの防衛機能の延長なのだと考えれば、仕方のない面もあるのです。まずはここまでのワークを通じて、「人間、無頓着なままだと知らぬ間にネガティブ・フォーカスの罠《わな》にはまってしまうんだな」ということを知ってください。

そして、自身はもちろん、あなたの周りにいるネガティブ・フォーカスな人たちにたいしても、「仕方のない側面もあるのだな」と理解を示してほしいのです。

▼「意識する」という言葉を連発してしまうあなたへ

ここまで、「困っても困らない」を実践する上で、それこそ多くの人が「困ってしまう」理由を明らかにしてきました。

では、いったいどうすれば、自身に染みついたネガティブ・フォーカスのクセを「ポジティブ・フォーカス」へとシフトできるのか。

キーワードは、「思考のクセづけ」です。

今回のテーマであれば、「ポジティブなことにフォーカスできるような思考回路」を、自分の脳にクセづけていけばいいのです。

そのやり方は非常にシンプルで、

「クセになるまで、常に意識し続ければいい」

というものです。あとは、

「さあ、さっそく明日から、徹底的にポジティブなことにだけ意識を向けるようにしていきましょう！」

ということになるのですが……。

ここで、ビジネス書や自己啓発書、実用書でおなじみのフレーズが登場しました。

いや、書籍に限らずビジネスコミュニケーションの現場でも頻出のフレーズの1つ、それが「意識する」です。たとえば、

「仕事で大切なのは、常にお客様第一を意識することです」
「仕事で大切なのは、常に優先順位を意識することです」
「仕事で大切なのは、常に当事者意識をもって働くことです」

あなたも読者として、あるいは仕事の際に、こうしたフレーズに出くわしたことが何度もあるはずです。そんな時、素朴にこう思ったことはありませんか。

「意識するって、具体的に何をすれば意識したことになるのだろうか？」

残念ながら、多くのビジネス書がこの疑問に答えてはくれません。どう意識するかは読

者に丸投げされているケースばかりで、実践できるかどうかは読み手次第。

ところが、読者側もそもそも先ほどのようなツッコミをほとんどしないで読んでいるため、「これだけでは実践できない」という感想に至る人はあまりいないようです（序章で問題提起した通り、スタンス3の「行動ファースト」で本を読んでいないからこういうことになるのです）。

私がなぜこんな問題意識をもつようになったのかというと、20代の頃からこうしたツッコミを絶えずしていたからです。

正直、このフィルターをかけてしまうと、ビジネス書や自己啓発書、実用書の10冊中8冊は、「わかりやすくても実践しにくい」、あるいは「読んでいて楽しくても役立てることは難しい」という評価を下さざるを得ないものばかりでした……。

たとえベストセラーであってもそんな本が多かったため、「頼むから著者の皆さん、もっと行動に移せるレベルの本を書いてください！」という問題提起がしたくなり、自らビジネス書を書くようになってしまいました。

少し話がそれてしまいましたが、「クセになるまで意識しろ」では、大半の人にとって意味をなさないメッセージになってしまう。そのことに気がついてほしいのです。

そして、これからあなたがスタンス3の「行動ファースト」で本に触れていこうというのであれば、こうした実践しにくい本にたいしては厳しい評価を下してしまいましょう。

それが、ビジネス書や自己啓発書、実用書の品質向上につながっていきます。

精神論で済ませないためには、行動として積み重ねられるレベルに変換する必要がある。言われてみれば当たり前のことであっても、普段は盲点になってしまっているこうした潜在的な問題について、気づきの機会を促せたのであれば幸いです。

「ポジティブ・フォーカス」の実践①

前向きな内容を拾ってみる

ここまでの問題意識をベースにしているからこそ登場する処方せんが、事前準備ワークで取り組んでもらった「紙1枚書いてみる」という動作です。

実際、先ほど紹介した「エクセル1」という「紙1枚」の書き方は、誰もが行動に移せるレベルのシンプルな動作だけで、すべてのステップが構成されていました。

「ポジティブ・フォーカス」を自分にインストールするという目的においても、この方法を活用しない手はありません。

さっそく、具体的なやり方を紹介しましょう。

まず、事前準備ワーク②（42ページ）で書いてもらった、「昨日の出来事（今日の出来事）」と題した「エクセル1」を見てください。そして赤ペンを取り出し、これから示す質問に該当するものを丸で囲っていってほしいのです。

その質問とは、

「昨日の出来事リストの中で、前向きな内容はどれか？」

判断基準は主観でかまいません。さっそく、該当するものを丸で囲っていってください。どうぞ。

（1分程度、実際に囲むプロセスを終えてから以降を読み進めてください）

いかがだったでしょうか。個人差は当然あると思いますが、ネガティブな内容ばかりでほとんど丸で囲えなかったという人も多かったはずです。

図5　昨日の出来事の中でポジティブなものは？

20XX.4.XX 昨日の出来事	新規 プロジェクトの 打ち合わせ	企画書の 作成・提出	各種メールの 返信
21時まで残業	準備不十分で 上司に怒られた	定例会議への 出席	今後のタスクの 洗い出し
企画の アイデア出し	取引先との ランチ	お礼状の執筆	ポジティブなもの を丸で囲む
遅れていた 仕事の リスケジュール	同僚の仕事の 手伝い	クレーム対応	

まずは、「これが自分の現状なんだ」と「素直に」受け入れましょう。なかには、「あまり丸で囲えなかった」という結果自体をネガティブに捉え、落ち込んでいる人もいるかもしれません。

しかし、ここで過度に落ち込む必要はありません。そんな読者のために、これから追加であと3つほど、松下幸之助の名言を紹介したいと思います。

それらの名言をじっくり味わって読めば、「困っても困らない」という「ポジティブ・フォーカス」の捉え方について、より理解が深まるはずです。

「ポジティブ・フォーカス」の実践②

松下幸之助の名言に触れてみる

まずは「不景気もまたよし」という名言です。

この世の中というものは、お互い人間がつくりあげているもので、したがって景気不景気というのはまったくの人為現象で、自然現象ではありません。ですから好不況というものは、本来あり得ないものだということになるのですが、それでも現実に不景気ということが起こります。商売をしている身にとっては、これはなかなかたいへんなことで、大いに心配されるところです。

しかし、不景気にはまた不景気に対処する道がおのずからあると思うのです。たとえば〝不景気もまたよし、不景気だからこそ面白いんだ〟という考え方が、一面できないものでしょうか。〝世間が不景気だから、自分の店が不景気になるのも仕方がない〟とあきらめたり、あるいは〝困ったことだ〟と右往左往すれば、お店はその予想のとおりになりましょう。しかし、〝不景気だからこそ面白いんだ、こんなときこそ自分の実力がものをいうのだ〟と考えて、さらに商売に励むならば、そこには発展、繁栄する道がいくらでもあると思うのです。

たとえば、昨年は忙しくてほうっておいたアフターサービスを、この際徹底的にやろうとか、お店の整備を積極的にはかろうとか、いわゆる甘い経営を排していろいろな方策を考える。それも、他力に依存することなく、自分がこれまでにたくわえた力によって一つひとつ着実に実施していく。そうすれば、その歩みはたとえ一歩一歩のゆっくりしたものでも、他のお店が不景気で停滞しているのですから、まあ、相当のスピードということになりましょう。

そういうことを考えてみますと、不景気こそ発展の千載一遇の好機であるということにもなるわけです。

『商売心得帖』


特に難しい表現もなく、すんなり理解できるかと思います。念のため、さらに身近に感じてもらえるよう、私の体験談を補足しておきます。

私はいわゆる「就職氷河期世代」でした。なかなか内定がもらえず、自身の不遇を嘆く時期もありました。まさに、不景気による「ネガティブ・フォーカス」の状態だったわけです。

それでも、そのまま塞《ふさ》ぎ込むばかりということはありませんでした。何社落ちようが、そのたびに自らを奮い立たせました。

エントリーシートの書き方から面接での応対の仕方、さらにはその前提となる自己分析に至るまで、徹底的に学び、考え抜き、経験値を積んでいきました。

大変ではありましたが、振り返ってみると自身を短期間で劇的に成長させることができた、そんな貴重な機会だったとも言えます。

不景気で就職戦線が厳しかったからこそ、自身を成長させるべく必死にもがくというモチベーションが、絶えず醸成《じょうせい》され続けたわけです。まさに「不景気もまたよし」と言えるのではないでしょうか。

さて、「景気にたいする捉え方」に続いて、今度は「世間の捉え方」に関する名言——「世間大衆は神のごとく正しい」という言葉を紹介します。


私は世間は基本的には神のごとく正しいものだと考えている。そして一貫してそう

いう考えに立って経営を行なってきた。

もちろん、個々の人をとってみれば、いろいろな人がいて、その考えなり判断なりがすべて正しいとはいえない。また、いわゆる時の勢いで、一時的に世論が誤った方向へ流れるということもある。しかし、そのように個々には、あるいは一時的には過つことがあっても、全体として、長い目で見れば、世間、大衆というものは神のごとく正しい判断を下すものだと私は考えている。

だから、われわれの経営のやり方に誤ったところがあれば、それは世間から非難されたり、排斥されたりすることになる。そのかわり、正しい経営をしていれば、世間はそれを受け入れてくれるわけである。

そのように考えると、そこに一つの大きな安心感が起こってくる。

（中略）

世間が正しいものを正しいとして認めてくれるとなると、われわれが〝何が正しいか〟を考えつつ経営努力を重ねていくならば、それは必ず世間の受け入れるところとなるわけである。だから、われわれはその世間を信頼して、迷うことなく、なすべきことをなしていけばいいということになる。これほど心強く安心なことはない。いわ

ばﾞ、坦々《たんたん》とした大道を行くがごときものである。

『実践経営哲学』

松下幸之助がこの言葉を残した時代と違い、現代はネット社会です。炎上や過剰な誹謗《ひぼう》中傷《ちゅうしょう》、刹那的《せつなてき》に両極端にふれるニュースへの評価等々、「世間が正しいものを正しいとして認めてくれる」という捉え方をするのは、かつてなく難しいかもしれません。

それでも、この言葉の最後にある「これほど心強く安心なことはない」というフレーズを見ると、やはり「世間を信頼する」ということを前提にしたほうが、明日への活力がうまれてくるのではないでしょうか。

ためしに、「世間なんて信頼できない」というスタンスを選択したとしましょう。通勤電車に乗っていても、職場で仕事をしていても、週末にどこかの観光地に出かけたとしても、常に周囲にたいして疑心暗鬼になってしまいます。

イライラが募り、ストレスも溜まる。なにせ「周りはすべて信用ならない」という心理状態ですから、人間不信に陥ってしまう可能性も高い。これでは、とても幸せな生活を送ることなどできません。生きる気力が削がれるだけの息苦しい世の中……。

やはり、「世間なんて信頼できない」を前提にすることは、やめたほうがよさそうです。

たしかに、絶望したくなるようなニュースも多々あります。そんな時ほど、この松下幸之助の言葉を読み返してください。そして、ノイズの多い世の中でも希望がもてるような話題を受信できる「ポジティブ・フォーカス」脳にチューニングしていってほしいのです。

最後の3つ目は、私が20代の頃に読んで非常に驚いた話です。とても読みやすい文章なので、少し長めに引用します。

ぼくは運のいい人間だと思いますよ。

電灯会社へ入る前に、セメント会社の臨時雇いとして働いていたことがあったんです。トロッコを押したり、セメント袋を運んだりしましてね。

仕事に行くのに築港から埋め立て地まで船で通ったんですが、あるとき、船べりに腰をかけていたら、そばを通った船員が足をすべらして海へ落ちたんです。そのとき、船員が抱きついたもんだから、ぼくも一緒に落ちてしまった。ぼくは泳ぎはあんまり知らないけれど、浮くぐらいはできる。二、三メートル沈んで浮かびあがると、船はずいぶん先まで行ってしまっている。無我夢中になって手足をバタバタしていたら、船がずーっと戻ってきて、二、三分後に引きあげてくれたんですわ。夏だったからよかったけれど、もし冬だったら死んでいたでしょうな。

それから、独立して商売を始めたばかりの頃、よく自転車に製品を積んで配達にまわっていました。ある日、四つ辻で急に自動車が飛び出してきて、ぼくは自転車ごと突き飛ばされてしまった。飛ばされたところが電車道です。積んだ荷物は散らばるし、自転車はグシャグシャ。そこへ電車が来たのですが、二メートル手前で止まってくれた。〝やられた〟と思ってそろそろと立ち上がってみると、全く不思議、かすり傷一つないんです。あれだけ強くぶつかったのに、と自分でも信じられませんでした。

不思議なもんですね。だからぼくは、海で助かったときも交通事故にあったときも、〝自分には運がある〟と思いましたね。そして、運があるなら、ことに処して自分はある程度のことはできるぞ、というように何げなく考えたのです。つまり、仕事をする上でいろいろむずかしい問題が出てきますね、そんなときでも、自分は運が強いのだから、何とかやり遂げられるだろう、といった信念を持つようになったのです。これも、海に落ちたり、自動車にぶつかったりしたことを不運だと思わず、運がよかっ

たと考えたからでしょうね。

『人生談義』

いままで一番口語的かつ具体的な話なので、かなりイメージがわいたはずです。

補足は不要と思いつつ少しだけ解説をくわえると、松下幸之助は人を採用する際、「運の強さ」を見ていました。たとえば、採用枠1人にたいして2人の候補者がいる。もし甲乙がつけがたい場合、運が強いと思われるほうを採用してきたというのです。『人事万華鏡』（現書名『事業は人なり』）という本を読むと、そんな話がでてきます。

この松下幸之助の話を下敷きにしていたかどうかはわかりませんが、かつて転職活動であるIT企業に応募した際、実際に面接で同じ質問をされました。

何があっても、松下幸之助のような前向きな解釈を積み重ねていけるかどうか。その結果、「自分は運がいい人間だ」という確信を高めていけるかどうか。

「ポジティブ・フォーカス」であることは、よい人材を確保したいという人事的な側面でも重要な観点になっているわけです。

以上、ここまで読んでみていかがだったでしょうか。

「不景気もＯＫ」「世間もＯＫ」「事故もＯＫ」です。松下幸之助の「ポジティブ・フォーカス」ぶりを存分に感じられたのではないでしょうか。また、実例を通じてイメージもわいてきたはずです。

「ポジティブ・フォーカス」の実践③

前向きに捉え直してみる

それでは、いまの読後感をキープしたまま、最後のステップにいきましょう。

方法はカンタンです。先ほど丸で囲えるか試してもらった「昨日の出来事（今日の出来事）」の「エクセル１」をもう一度取り出してください。そして、今度は次の問いと向き合ってみてほしいのです。

「まだ赤ペンで囲われていない言葉の中で、解釈を変えることでポジティブな内容に捉え直せるものはあるだろうか？」

１つや２つでもかまいません。

改めて3分ほど時間を確保して、該当するものを丸で囲ってみてください。松下幸之助の文章を読んだ直後のあなたであれば、きっと新たな解釈、捉え方を見出していけるはずです。

では、どうぞ。

（3分程度、実際に囲むプロセスを終えてから以降を読み進めてください）

いかがだったでしょうか。

もし、1つでも新たに囲めるものが増えたのだとしたら、「ポジティブ・フォーカス」の思考回路が自分でも実践できた、しかも目に見えるカタチで、それを実践し、確認できたということになります。

一方で、1つも新規に囲めるものがなかったという方も、どうぞ安心してください。

「何はともあれ、まずは1枚書いてみた」

「ポジティブに捉えようとトライしてみた」

「今日できなかったとしても、明日以降できるようになるための経験が積めた」

という感想で大丈夫です。

そうすれば、また翌日も気軽にチャレンジできるでしょう。ただ、もちろんこの捉え方自体「ポジティブ・フォーカス」です。「そう言われても……」と抵抗を感じている人がいるかもしれません。

まさに「ネガティブ・フォーカスここに極まれり！」という感じですが、そんな方はぜひ、先ほどの松下幸之助の言葉を繰り返し「音読」してください。

声にだして読めば、さらに臨場感が高まります。まるで自分が松下幸之助であるかのように、あるいは松下幸之助が自分に憑依《ひょうい》したかのごとく、先ほど紹介した言葉を繰り返し読んでみましょう。

音読に抵抗があるなら、本書の読後からしばらくの間、松下幸之助の著書を何冊か読むということでもかまいません（あとがきでいくつか紹介しています）。

そうすれば、赤で囲える言葉をどんどん増やしていくことができるでしょう。

図6　ポジティブに捉え直せるものは？

①図5で丸く囲えなかったものの中から……

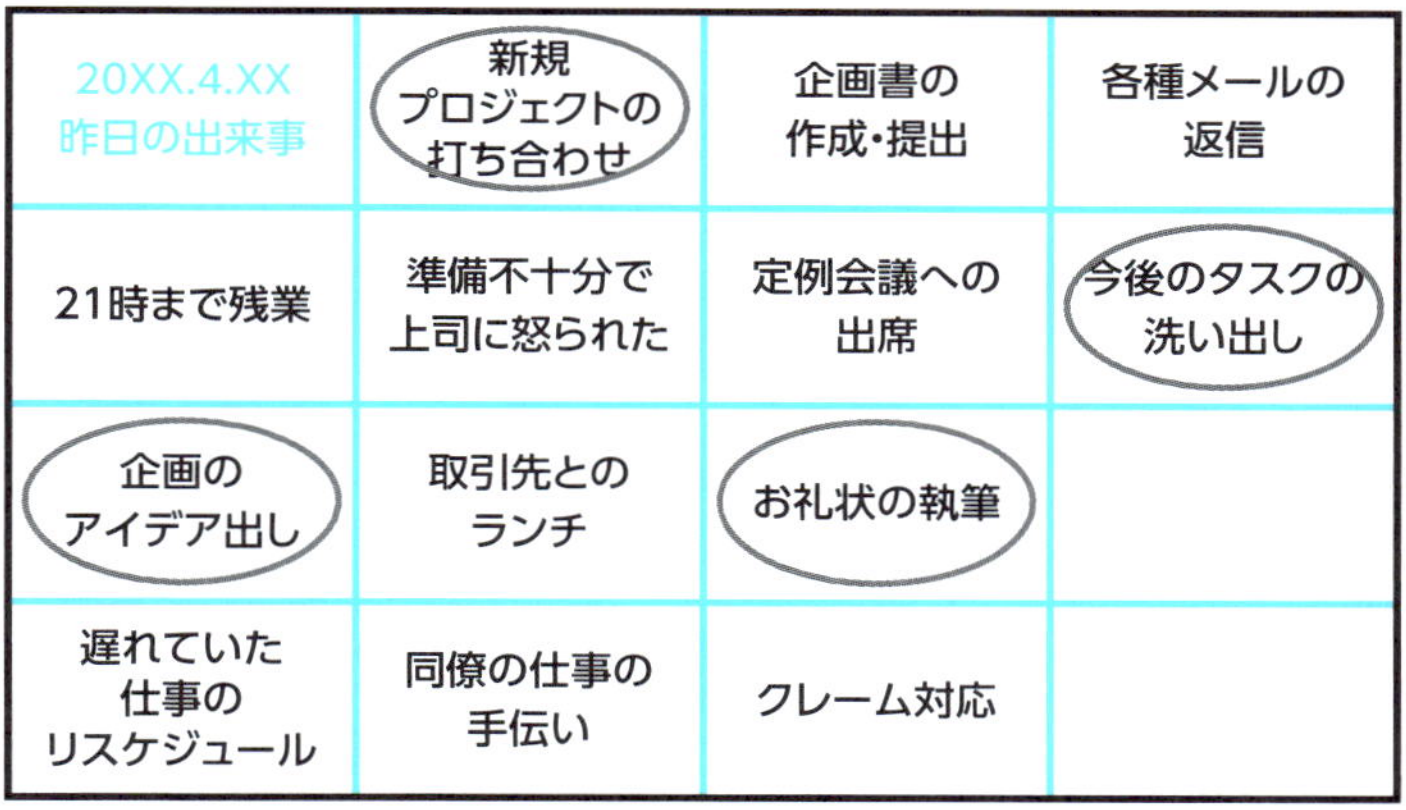
20XX.4.XX
昨日の出来事
新規プロジェクトの打ち合わせ
企画書の作成・提出
各種メールの返信
21時まで残業
準備不十分で上司に怒られた
定例会議への出席
今後のタスクの洗い出し
企画のアイデア出し
取引先とのランチ
お礼状の執筆
遅れていた仕事のリスケジュール
同僚の仕事の手伝い
クレーム対応

②「視点を変えれば」ポジティブに捉えられそうなものを追加で丸で囲む

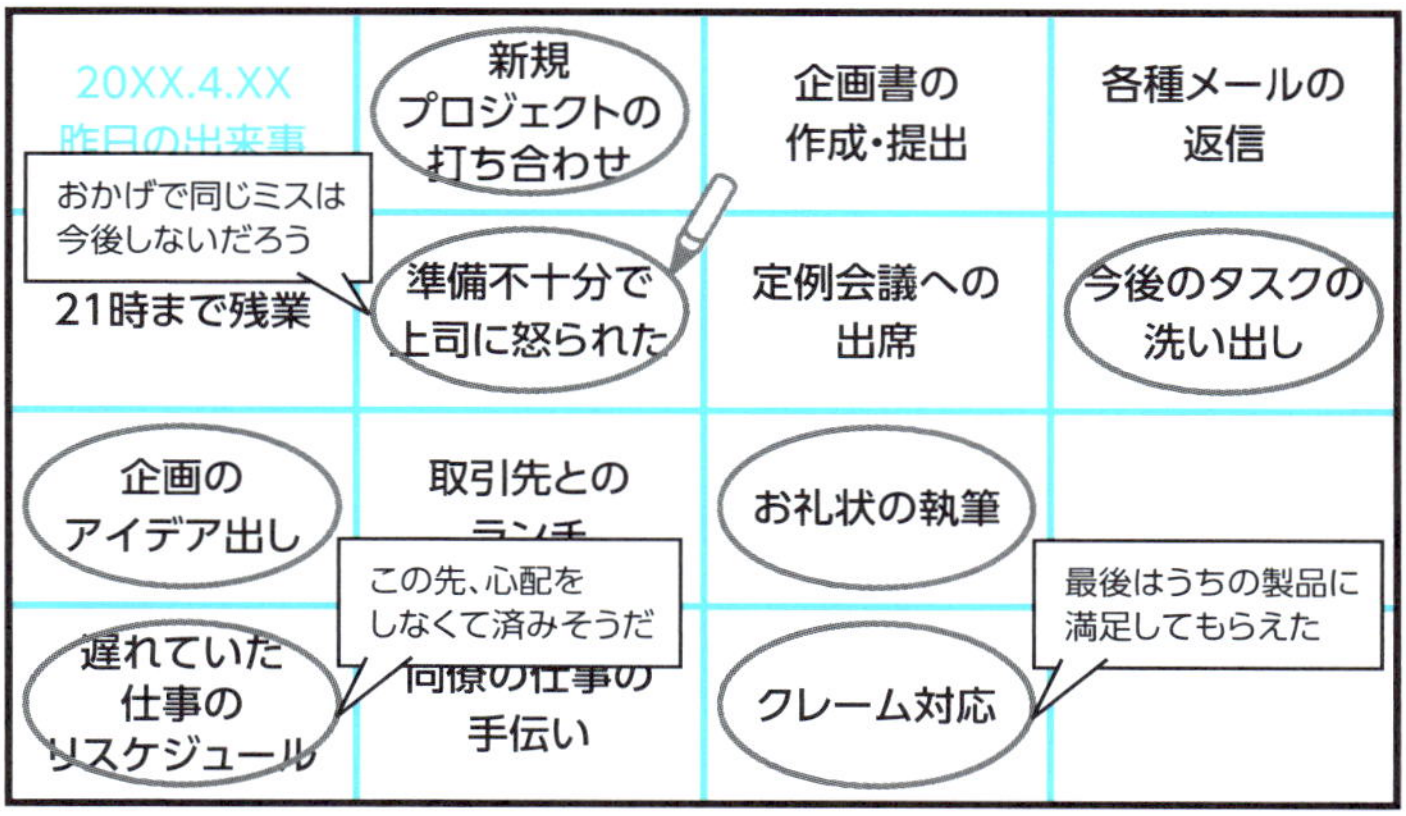
20XX.4.XX
昨日の出来事
新規プロジェクトの打ち合わせ
企画書の作成・提出
各種メールの返信
おかげで同じミスは今後しないだろう
21時まで残業
準備不十分で上司に怒られた
定例会議への出席
今後のタスクの洗い出し
企画のアイデア出し
取引先とのランチ
お礼状の執筆
この先、心配をしなくて済みそうだ
最後はうちの製品に満足してもらえた
遅れていた仕事のリスケジュール
同僚の仕事の手伝い
クレーム対応

「ポジティブ・フォーカス」の実践まとめ

習慣化するための3つのコツ

さて、ここまでの話を、改めて3ステップ形式でまとめておきます。

STEP1：「昨日の出来事」というテーマで「エクセル1」を書く（3分程度）。書いたら、「昨日の出来事リストの中で、前向きな内容はどれか？」と問い、該当するものを赤ペンで丸く囲んでいく（1分程度）。

STEP2：ここまでに掲載した松下幸之助の言葉を再読する。（サッと軽く見返す、熟読する、音読する等、読み方は任せます）

STEP3：改めて同じ問いを立て、追加で前向きに捉えられたものがあれば、赤ペンで丸く囲んでいく。最終的には、すべて囲えるレベルを目指す。

個人差が著しくでてしまうため数字を明言することは難しいのですが、それでもあえて書くならば、概《おおむ》ね3週間から1か月半ほど続けてみてください。そうすることで、丸く囲える言葉の数を「ほとんどすべて」というレベルにまで増やしていけます。

過去に、「ポジティブ・シンキングになりたい」と思い、その手の書籍を読んだ経験はあるでしょうか。

もし、「読後も相変わらずネガティブ思考のままだった……」という経験をしたことがあるのだとしたら、ぜひこの方法をトライしてみてください。多くの受講者が、実際に変化を感じている再現性の高い手法です。

最後に、3つほど補足をして本章を終えたいと思います。

まず、たとえば30日間続けたいと思った場合、無事に30日を完走するためのコツとして、あらかじめ30枚分の「エクセル1」（緑のフレームのみ）を先に書いておくという小技があります。「あとは埋めるだけ」という状態を最初につくってしまうのがミソです。

実際、「この処方せんのおかげで続けられた」という受講者が多数いました。継続力に自信のない方は、ぜひ試してみてください。

次に、今回は4×4の16個のフレームを書く例で紹介しましたが、この数にこだわる必要はありません。「15個も書くことがない」という人は、半分のフレーム数8でOKです。

逆に、横線をあと4本引いてフレーム数を32にしても大丈夫です（第2章以降、フレーム数32の「エクセル1」を頻繁に使います）。

目的は、「ポジティブ・フォーカスの心構えを手に入れること」ですから、実践方法は「続けやすさ」最優先で柔軟に変えていってください。

最後、3つ目は少し長めの補足です。この「紙1枚書くだけ」というシンプルかつパワフルな手法を紹介した際、毎回一定数の受講者から、次のようなリアクションをされます。

「こんなカンタンな方法でポジティブ思考になれるなら苦労ないですよね」と。

こういったネガティブな感想を抱く人にこそ、今回提唱した〝「紙1枚」でポジティブ思考インストール法〟をやってほしいと願っています。

そのためにもまず確認しておきたいのは、こうした感想を抱いてしまう人たちには「ある共通点」があるということ。具体的には、序章で紹介したスタンス3、つまり「行動ファースト」の読書をそもそも知らないようなのです。

結果、1枚も書くことなく、何も実践していないにもかかわらず、なぜか「使えない」という結論をだしてしまう。

やっていないのだから、本来は「判断不能」というのが正しい答えとなるはずです。ぜひ、「行動ファースト」に基づく本との付き合い方に気づいてほしいと思います。

一方、書かれていることを「素直に」受け取り、前向きに解釈して、淡々とできることから実行していく人がいます。その積み重ねの結果、書籍で提示されたメリットをしっかり享受し、自身の課題解決や願望実現を成し遂げられる読者がいます。

これが、本で人生を変えられる人たちの共通点です。

私も今回で4冊目の執筆です。いままで以上に、1人でも多くの読者に貢献したいと強く願っています。

ここまで書いた3つの補足を踏まえ、どうか「素直に」、まずは1枚だけでいいので、手を動かして実際に書いてみてください。

第2章ではさらにペースをあげ、「エクセル1」をたくさん書いていきます。

白紙のA4コピー用紙を7枚以上、あるいは白紙ページがたくさんあるノートを準備して、次の章へと進んでください。

第2章

自身の働き方を改革する

昨今、「働き方改革」が叫ばれて久しいが、
そもそも何を目指して改革すればよいのだろうか？

松下幸之助が膨大な思索を経て
たどり着いた仕事観を知れば、
我々が歩むべき目的地は見えてくる。

ただし、「見えた」だけ、「わかった」だけでは意味がない。
「紙1枚」メソッドで、実践への架け橋を示していく。

人間の共同生活は
限りなく生成発展
していくものだ

事前準備ワーク

仕事の目的：我々はなぜ働くのか？

第1章では、以降のベースになる「心の整え方」を紹介しました。第2章からは、いよいよ実際の仕事にどう活かしていくかという話に入っていきます。

具体的には、第2章で「自分自身」の日々の働き方をどう改善していくかというテーマを扱い、続く第3章では「周囲」と関わる働き方の向上にスポットをあてます。

さて、松下幸之助の名言の中から、こうした観点で最も重要なキーワードを1つ拾うとすれば、それは、

生成発展

という言葉になります。

ただ、字面《じづら》から一見してわかる通り、「生成発展」はかなり抽象度の高い言葉です。

第1章の「困っても困らない」が、禅問答的な言い回しの難しさだったのに比べると、

また少し異なる種類のわかりにくさがこの言葉にはあります。

そこで、少しでも具体的なイメージがつかみやすくなるよう、今回も事前準備ワークとして「エクセル１」を先に書いておくことにしましょう。

第1章同様、現時点では「生成発展」の意味について理解していなくてもまったく問題ありません。むしろ知らないほうが、学習効果は高まります。安心してこのまま読み進めていってください。

今回の「エクセル１」のテーマは、「なぜ働くのか?」です。

時間は3分程度、フレーム数は16か、あまり数がでなさそうであれば、８つのフレームでもかまいません。

注意点として、くれぐれも正解探しはしないでください。何が正しくて、何が間違っていると言えるようなテーマではありません。

どうか「素直な」気持ちで、あなたが思う「働く理由」について、浮かんできたものを青ペンで気軽に書き込んでいってください。では、どうぞ。

図7　あなたが働く理由は？

20XX.4.XX なぜ働くのか?	厳しい環境で競いたい	達成感を得たい	会社のお金でいろんなことをしたい
お金のため	人生に張りをだすため	社会貢献したいから	上司のようになりたい
挑戦するのが好き	成長するため	皆働いてるから	
いまの仕事が合っているから	ダメにならないため	人とつながっていたい	

（3分程度、実際に書き出してから以降を読み進めてください）

青ペンの書き出しが終わったら、今度は赤ペンに替えてください。

そして、「自分が特に大切にしている理由は？」という問いを立て、該当するものを丸で囲っていってください。判断基準は個人的・主観的でかまいません。

あなたが大事だと思うものを、最大３つ程度までに絞り込むようにしてください。

（1分程度、実際に囲むプロセスを終えてから以降を読み進めてください）

図8　あなたが特に大切にしている理由は？

20XX.4.XX なぜ働くのか?	厳しい環境で 競いたい	達成感を得たい	会社のお金で いろんなことを したい
お金のため	人生に 張りをだすため	社会貢献 したいから	上司のように なりたい
挑戦するのが 好き	成長するため	皆働いてるから	
いまの仕事が 合っているから	ダメに ならないため	人とつながって いたい	

まずはここまで、あなたなりの「働く理由」と向き合ってもらいました。いざ書き出してみると、すでになにかしらの気づきがあったという人もいるかもしれません。そうでなくても、ワークを通じて、素朴にこんな疑問が浮かんだのではないでしょうか。

「松下幸之助なら、この問いにどう答えるのだろうか」と。

そんな問題意識を喚起する狙いで、今回の事前準備ワークをやってもらいました。また、自身の仕事観をあらかじめ明らかにしておくことで、松下幸之助の仕事観に触れた時に比較をしたり、さらに考えを深めたりすることもできます。

▼松下幸之助の仕事観とは？

　ではさっそく、その疑問に答えていきましょう。ただし、これから紹介する松下幸之助の答えは、なかなか大所高所《たいしょこうしょ》から捉えたものになります。

　何十年にもわたって考え抜いてきた世界観・人生観等をベースにして、導き出された仕事観です。

「なぜ働くのかって、そんなの食っていくために決まっているじゃないか」

というレベルでしか書かなかった人は、びっくりしてしまうかもしれません。

　ただ、徐々に具体的かつ実践的な話に落とし込んでいきますので、面食らわずにそのまま読み進めていってください。

　まず、松下幸之助が説く仕事観のベースとなる世界観。すなわち、ものごとの原理原則となるキーワードがこちらです。

生成発展

本章の冒頭でも紹介したこの言葉の意味について、以下の文章を読んでみてください。

正しい経営理念というものは、単に経営者個人の主観的なものではなく、その根底に自然の理法、社会の理法といったものがなくてはならない。それでは、その自然の理法、社会の理法とはどういうものだろうか。

これは非常に広大というか深遠というか、人知をもって究め尽くすことはむずかしいといってもいいものであろう。しかし、あえていうならば、私は限りない生成発展ということがその基本になるのではないかと思う。

この大自然、大宇宙は無限の過去から無限の未来にわたって絶えざる生成発展を続けているのであり、その中にあって、人間社会、人間の共同生活も物心両面にわたって限りなく発展していくものだと思うのである。

そういう生成発展という理法が、この宇宙、この社会の中に働いている。その中でわれわれは事業経営を行なっている。そういうことを考え、そのことに基礎をおいて私自身の経営理念を生み出してきているわけである。

たとえば、資源の枯渇ということがいわれている。もう何十年かしたら資源がなくなってしまう、そうなると人間は生きていけなくなるというような極端な考え方もある。

しかし、私は基本的にはそうは考えないのである。確かに、個々の資源というものをとってみれば有限であり、使っていくうちになくなるものも出てくるだろう。けれども、それにかわるものは人知によって必ず生み出し、あるいは見出すことができると考えるのである。現に人間は過去の歴史において、そういうことをしてきている。昔に比べて、はるかに人口も増えているけれども、人口の少なかった昔の生活はずっと貧困であり、今日では一般庶民でも、ある面では昔の王侯貴族も及ばないような生活をしている。

それは、そういうことができるように、この大自然がなっているのであり、また人間がそのようにつくられているからであろう。いいかえれば、限りない生成発展ということが、自然の理法、社会の理法として厳として働いているからである。

（中略）

やはり、この人間の共同生活、さらにはそれを包含する大自然、大宇宙は絶えず生成発展しており、その中でわれわれは事業活動を営んでいるのだという基本の認識は、

どんな場合でもきわめて大切である。そういう明確な認識が根底にあってこそ、いかなる場合においても真に力強い経営を展開していくことが可能になるのである。

『実践経営哲学』

シンプルに言えば、すべては「無常」、絶えず変化しているということです。

そして、部分的には幸・不幸、順調・不調と陰陽両面があったとしても、大きく捉えればすべては成長している、発展している。そんな変化のベクトルが常にある。

今回の松下幸之助の言葉は、経営理念をどう決めるかという文脈になっていますが、他のさまざまなテーマについても同様の考え方が成り立ちます。

何より、今回の名言を通じて最初におさえておきたいポイントは、

自然の流れに逆らわずに、自身の思考や選択、行動を決めていく

松下幸之助は「真に力強い経営を展開していく」ためと言っていますが、個人の仕事のレベルにおいても、まったく同じ世界観をあてはめることができます。

では、大きな「自然の流れ」から出発した時、はたしてどんな仕事観、どんな働く理由がでてくるのか。

「素直に」考えれば、こういうことになるのではないでしょうか。

「生成発展に貢献するため」に働く

「誰の生成発展か？」と言えば、それは目の前のお客様であり、会社であり、業界、地域、ひいては日本のためにと、どこまでも拡大されていきます。

▼「生成発展」とはいったい何なのか？

松下幸之助の言葉の中から、「誰かの生成発展に貢献するため」という意味合いのものを3つ、これから引用します。

まずは「お客様の視点から見た生成発展」という文脈での言葉を紹介します。

誰もが経験的に知っていることだと思いますが、通常、家電製品は発売後にだんだん価格が下がっていきます。

では、発売直後に高値で買ってしまった人は、はたして損をしているのでしょうか。逆に、あとで買った人は、安く買えた分、得をしていると言えるのでしょうか。

あなただったら、このお題についてどんな説明をしますか。

先ほどの引用に比べると、一気に生活レベルでなじみのある話になります。

「生成発展」というキーワードがどう関わってくるのかという問いを立てながら、以降を読んでみてください。


何の商品でもそうでしょうが、特に電気器具を買ってくださるお客さんの中には、よく「あとから買った人は非常にいいものが手に入るから、先に買った人は損だ」と言われる方があります。「新しい製品にはついているものが前のにはなくて、あとから買ってつけた。先に買うと困る」というような不満をお聞きすることがよくあるわけです。

これは実際そのとおりなのですが、こういうことは永遠に続くと思います。商品を

つくるほうは、もちろんきょう現在はそれが最善だと思って出すのですが、日進月歩の世の中ですから、日とともに次々に新しいアイデアが生まれてきます。進歩の速い業界の商品には、絶えずそういうことがあります。

しかし、これについては、電気製品に限らず、お互い商売をする者は、はっきりした信念をもっていなければならないと思います。商売をする人自身が、初めに買う人は損で、あとから買う人のほうが得だと考えていたのでは、商売ができなくなってしまいます。

あるときも、会合でこういう声がありました。「テレビを初めのころに買って損した。十二万円もしたのを買ったのだが、最近半値になっている。こんなバカなことはない。もう電気器具はうっかり買えん。次々といいものが安くなっていくから困る」と言うのです。

それで私は、こう答えました。

「なるほどそのとおりです。しかしあなたのような人がいなかったら、テレビは進歩、発展しないのです。あなたが十二万円のときにお買いくださったから今日《こんにち》六万円でできるようになったのです。ですからあなたは六万円損したように思われるでしょうが、そうではなく非常に多くの人に貢献しておられるのです。同時にあなたはだれよりも早くテレビを見ておられる。いちばん早くテレビのよさを味わっておられる。結局あなたがいちばん偉いんだというふうに考えていただかないと困ります。皆が『来年買おう』と言っていたら、テレビは一つも売れないようになり、値段は永遠に十二万円です。これは何事によらずそうではないでしょうか」

「いや、なるほどうまいこと言うな。やっぱり早く買うほうが得やな。早く買う人が偉いんやな」と言ってみんなで大笑いになりましたが、どの仕事でも最初に買う人がいなかったら進歩しないと思います。

『経営のコツここなりと気づいた価値は百万両』

損をしているのではない。「高く買う」ことを通じて、「テレビ文化の生成発展に貢献している」というわけです。

実は、この引用箇所には続きがあって、以降は自動車に関する話が登場します。話の構成はテレビと同じため省略してしまいましたが、1つだけ、こんなセリフが登場します。

「最初、おれが金を投じて買ったから、自動車が多くの人に行きわたるようになった。おれは貢献者だ」

こういった価値観の消費者がいるからこそ、モータリゼーション、すなわち「クルマ社会の到来という生成発展への貢献」もなされていったわけです。

これがもし、「あとで安くなってからしか、クルマなんていう高額な商品は買わない」という消費者ばかりだったら、産業の発展自体が望めなくなってしまいます。

また、この引用に関連して、ビジネス書にたびたび登場する言葉を1つ紹介します。

私は一時期、ビジネススクールに勤務していたこともあるのですが、とある講義の中で「イノベーター」「アーリーアダプター」といった消費者分類の用語が登場します。

通常、「イノベーター」「アーリーアダプター」というと、「新技術などが登場すると真っ先に飛びついて購入する人」といった意味合いで使われます。

ともすると「新しいもの好き」という、無邪気で私欲の強いイメージがついてしまうのですが、これにここまでの文脈をあてはめてみたいのです。

すなわち、「イノベーター」「アーリーアダプター」は単なる「新しいもの好きの消費者」などではなく、「産業・文化・社会の生成発展を担う貢献者」という捉え方もできるのではないか。

そう考えてみると、「非合理的で損な役回りをする熱狂的な人たち」といったネガティブなイメージではなく、むしろ「社会的・時代的に意義のある役割を担っている人たち」というポジティブな側面が見えてくると思うのです。

自然の理法である「生成発展」というキーワードから出発することで、このようにバラバラださまざまな用語が、前向きな捉え方でつながっていきます。

この流れを踏まえ、次は「会社の生成発展のために」という文脈の言葉を紹介します。

「給料分だけ働けば、それでいいのか」「それで会社の発展に貢献したことになるのか」という点が主題になっている文章です。

あるとき、若い社員の人たちに、大要つぎのような話をしたことがあります。

「ぼくは、皆さんご承知のように、この会社の最高責任者として、いちばんたくさんの月給をもらっている。それがいくらかということはここでは言わないが、かりに百万円なら百万円とする。その場合、ぼくが百万円の仕事をしていたのでは、会社に何

らプラスしない。ぼくの考えでは少なくとも一千万円の仕事をしなくては、この会社は立っていかないだろうと思う。あるいは一億円、二億円の仕事をしなくてはならないだろう。そういう働きができているかどうかということを自問自答しつつ、ぼくは自分なりに一生懸命努力しているわけだ。

皆さんについてもそれはいえることで、皆さんの月給がかりに十万円であれば、十万円の仕事しかしなかったら、会社には何も残らない。そうなれば会社は株主に配当もできないし、国に税金も納められない。だから、自分の今月の働きが、はたしてどのくらいであったかということを、常に自分に問うていく必要がある。

もちろんどの程度の働きが妥当であり、望ましいかということはいちがいにはいえないが、まあ常識的には、十万円の人であれば少なくとも三十万円の働きをしなくてはならないだろうし、願わくは百万円やってほしい。

そういうふうに自分の働きを評価し、自問自答して自分の働きを高め、さらに新しい境地をひらいていってもらいたい。そういう姿が全部の社員に及んでいけば、そこに非常に力強いものが生まれてくると思うのだ」

『社員心得帖』

以前、私が主宰するワークショップに参加してくれたサラリーマン受講者の方から、「給料分はきっちり働いているので」と何気なく言われたことがあります。

そこで、私は松下幸之助のこの言葉を紹介し、「給料分働いている」なんていうのは胸を張って言うような言葉ではない、と説明したことがあります。

給料の何倍分か働くことによってはじめて、その余剰分が「会社の生成発展」に使われていく。それがひいては、社会への貢献にもつながっていく。

「生成発展に貢献するため」という世界観がなければ、なかなかこのような認識には達しえないのではないでしょうか。

キリがないのでこれで最後にしますが、もう1つは「業界の生成発展」に関する話です。この部分は、個人レベルで仕事をしているとすっぽり抜けがちな観点なので、特に熟読してほしい言葉です。

また、「競合他社との共存共栄なんてキレイごとだ」という感覚の人も、「生成発展に貢献するため」というフィルターを通して、本当にキレイごとなのか改めて向き合ってみてください。

お互い商売を進めていく上で、競争するということが非常に大事なのはいうまでもありません。それぞれのお店がそれぞれに競争相手をもち、互いに負けまいとして創意工夫を凝らし、真剣な努力を重ねるならば、そこから自他双方に、よりよい成果がより効果的に生まれてくると思います。つまり、競争が、双方の成長の原動力となり、進歩、発展の基《もとい》になると思うのです。

ただそのためには、あくまでも正しい意味の競争でなければなりません。公正な精神のもとに、秩序を重んじてなされるものでなければならないと思います。さもなければ、その競争はいわゆる過当競争になってしまって、成長、進歩をうながすどころか、かえって業界に大きな混乱を生み出すことになりましょう。すなわち、お互いが日々行う競争というものは、戦争のように相手を倒すためのものではなく、共存共栄のための競争というか、ともに成長し発展していくためのものでなければならないと思うのです。

『商売心得帖』

対立し、争うばかりでは、最後に待っているのは共倒れです。もし、業界自体が消滅するような事態になってしまったら、最終的にはお客様にも不利益が生じてしまう。

したがって、競合とは日々切磋琢磨《せっさたくま》しつつ、一方では協調し、業界全体が発展していくようにもしていかなければならない。このようなバランス感覚が必要だというわけです。

たしかに、言われればそうだという話になるとは思いますが、大切なのは「どういう認識レベルでこの重要性をつかんでいるか」です。

具体的には、「生成発展」という根本的な「自然の流れ」から捉えているかということです。「業界の生成発展に貢献するため」という根幹があるからこそ、「協調」の重要性がスッとハラ落ちするのではないでしょうか。

以上、「生成発展への貢献」という本質を1つ知るだけで、多くのことが芋づる式に理解できてしまいます。異なる著作のバラバラに見える発言であっても、通底する文脈はどれも同じなんだということを、ここまでの内容でつかんでもらえたのであれば幸いです。

さて、ここからはあなた自身の番です。

あなたが書いた「なぜ働くのか？」のキーワードに、こうした「自分以外の誰か・何かの生成発展に貢献するため」という文脈のものは入っていたでしょうか。入っていたとしても、それが「赤ペンで丸く囲うほど重要なものなんだ」という認識はあったでしょうか。「そもそも自然の原理原則が生成発展なのだから、その流れに沿うようにして働いていこう」といった大きな文脈で捉えてみた時、現状の仕事観に修正は必要でしょうか。

ぜひ、先ほど書いた「紙1枚」を見直し、自身の仕事観と向き合うことで、よい「気づき」の機会としてください。

▼働く上で実践したい3つの「名言」

ここまで、松下幸之助の働き方のベースとなる「生成発展」というキーワードを紹介してきました。また、あなたの仕事観と比較する機会をもつことで、少しずつ理解を深めてもらいました。

先ほどまでは「なぜ」でしたが、ここからはこの世界観を下敷きとした時に、「いったいどんな働き方が基本となるのか」を扱います。

これも挙げればキリがないのですが、まずは「個人で完結できるレベル」で、しかも「紙1枚書くだけで実践が可能」という部分にフォーカスをあて、以下の3つをピックアップしました。

1. 一日教養、一日休養

2. 雨が降れば傘をさす

3. 朝に発意、昼は実行、そして夕べに反省

どれも独特な言い回しのため、この言葉だけ見ても何を意味するのかよくわからないと思います。1つひとつ、松下幸之助の言葉を丁寧に引用しながら解説していきます。そして、「紙1枚」書きながら実践できる具体的な方法もセットで紹介していきます。

それぞれ、「どんな意味なのだろう」という問いを立てながら、以降を読み進めていってください。

一日教養、一日休養

図９　休日は何をして過ごしているか？

20XX.4.XX 休日は何をして 過ごしているか?	カフェで仕事	買い物	家の掃除
ゲーム	本屋巡り	カラオケ	料理
家でダラダラ	友人と会う	仕事関連の セミナー	
読書	美味しいごはん を食べる	クリーニング	

「一日教養、一日休養」の実践①
休日の過ごし方を振り返る

いきなりですが、「休日は何をして過ごしているか？」というテーマで、「紙１枚」を作成したいと思います。

フレーム数16の「エクセル１」を書いて、まずは青ペンで埋めるところまでやってみてください。では、どうぞ。

（３分程度、実際に書き出してから以降を読み進めてください）

「一日教養、一日休養」の実践②

「自己成長」に関わる活動を拾う

特にここ数年、「ワークライフバランス」と同じくらい「働き方改革」という言葉が一般化してきています。「日本人の働き方は長時間あるいは画一的すぎる」という前提認識をベースに、時差通勤や週休3日制、リモートトワーク等々、さまざまな施策が官民問わずトライされています。そうやって空いた余暇時間を使って、先ほどの「エクセル1」に書き出してもらったようなことをやりましょうという話だとは思うのですが……。

1つ質問をさせてください。

キーワードの中で、「自己成長」につながるものはいくつあるでしょうか？

1分間ほど時間をとって、該当するものを赤ペンで丸く囲ってみてください。

図10　自己成長につながるものは？

20XX.4.XX 休日は何をして過ごしているか?	カフェで仕事	買い物	家の掃除
ゲーム	本屋巡り	カラオケ	料理
家でダラダラ	友人と会う	仕事関連のセミナー	
読書	美味しいごはんを食べる	クリーニング	

（1分程度、実際に囲むプロセスを終えてから以降を読み進めてください）

いかがだったでしょうか。いままで「休日」と「自己成長」を結びつけて考える習慣がなかった人は、面食らってしまったかもしれません。

たしかに、近年の「ワークライフバランス」という言葉の影響か、「仕事は仕事、プライベートはプライベート」とくっきり分けて考える人も多いと思います。

ただ、もし1つも丸で囲えたものがないということなら……。

松下幸之助の、以下の言葉をじっくり読んでみてください。

私どもの会社では、昭和四十年に完全週五日制に踏みきったのですが、それから半年ほどたったころ、私は社員につぎのような話をしたことがあります。

「わが社が週五日制になってから半年の月日がたったけれども、皆さんは週二日の休みをどのような考えで過ごしておられるだろうか。一日教養、一日休養というように有効に活用できているかどうか。二日間の休みを無為に過ごすのでなく、心身ともにみずからの向上をはかる適当な方法を考え、実行していただきたいと思う。

ただ、そのみずからを高めるというか、教養を高めたり、仕事の能力を向上させたり、あるいは健康な体づくりをすることと関連して、私は一つ皆さんにお尋ねしたい。それはどういうことかというと、ほかでもない。皆さんが勉強なり運動をするときに〝自分がこのように自己の向上に努めるのは、ただ単に自分のためばかりではない。それは社会の一員としての自分の義務でもあるのだ〟という意識をもってやっておられるかどうか、ということである。そういうことを皆さんは今まで考えたことがあるかどうか、また現在考えているかどうかをお尋ねしたいと思う」

そのとき、なぜ私がそのようなことを質問したのかといいますと、そういう義務感というものは、社員一人ひとりが常にもっていなければならない非常に大切なことだ

と考えていたからです。

『社員心得帖』

いまでは当たり前となっている「週休2日制」ですが、日本ではじめてこの制度を導入した企業は、実は松下電器産業（現パナソニック）でした。

いったいどんな想いから、松下幸之助はこの制度を導入したのか。

今回の言葉で特に重要な部分は、「自分がこのように自己の向上に努めるのは、ただ単に自分のためばかりではない。それは社会の一員としての自分の義務でもある」という感覚があるかどうかです。

要するに、勉強するかしないかは、「自分の自由」「自分が楽しいから」「自分の好きなことだから」といって決められる話ではないのです。

ただ、だからといって、その理由が「義務だから」と言われてしまうと、抵抗を感じてしまう人も多いと思います。

そういう方は、ぜひ前のパートで引いた名言と組み合わせて理解してみてください。

「万物は生成発展している」というのが自然の理法でした。

自分以外のあらゆる環境が生成発展している以上、自身も生成発展、すなわち「自己成長」することが、自然に沿った流れということになるのではないでしょうか。

この自然の流れに逆らって、自身の成長を怠っているといったい何が起きるか。

高度に進化し続けているビジネス環境において、自らが主体的に他への貢献をしていくなど到底できなくなってしまうでしょう。

当然、貢献できなければそれに見合った報酬は受け取れず、少なくとも経済的な面で思い通りの人生とはいかないはずです。

もし自分が、「自由な人生」「楽しい人生」「好きなことをやっている人生」を歩みたいなら、かつてないほどに勉強し、絶えず自身を成長させる。自力を高める。

そうして周囲に貢献していくことで、どうにか報酬を得ていく。これが、「生成発展」という自然の理法に沿った仕事の基本と言えるのではないでしょうか。

「一日教養、一日休養」の実践③

その自己投資は「他者貢献」のためか?

先ほど書いた「エクセル1」に、自己成長に関するキーワードが1つもなかったという方は、まずは1つでかまいません。自身の成長につながるような取り組みをこれからくわえてみてください。

一方で、本書を手に取るような読者であれば、きっと勉強熱心な方も多いはずです。「何個も赤ペンで囲えました」という人もいたでしょう。そんな方には、ぜひ追加でこう質問をさせてください。

その自己投資は、「自分だけのためのもの」ですか？
それとも、「自分以外の他者への貢献のためのもの」ですか？

「紙1枚」仕事術に関する研修や講演・ワークショップ等で日頃から登壇していると、非常に勉強熱心な受講者にお会いします。実際に話をしてみると、

「浅田先生のこのやり方は、○○さんのやり方に似ていますね」

「○○メソッドとこの手法の違いは何ですか？」

「私が思うに、この手法のメリットは○○式に比べて……」

という具合に、教える側の私が驚くくらい、他の手法について詳しい方がいます。

たしかに、自己投資に熱心なのは間違いないでしょう。しかしながら、こうした人たちは業界内で「ノウハウコレクター、セミナージプシー、スキルアップ教信者」などと揶揄《やゆ》され、むしろ学習姿勢について低く評価されているという実態があります。

その理由はヒトコト、「わかっているだけ、楽しんでいるだけで、大してやらないから」。

序章で登場した読書スタンスの話は、広く学習の文脈にもあてはめられるということです。学んでも実践しないから、結果がでない。結果がでないと、(やってもいないのに)手法が悪いのではないかと疑いはじめ、別の手法を調べてまた学びに行く。それでもやらないから……。

以下、同じことの繰り返しを延々やっている人たちがこの世界には一定数いるのです。

いったいなぜ、このような受講者が少なからずいるのか。

週末を勉強に使っているという部分だけを抜き出せば、よきことをやっている。だから一見すると、これは評価すべきことのはずです。

ただ、肝心なところがズレているのです。

仕事上の勉強は、「周囲の生成発展に貢献するため」にやるべきことであって、自身の成長は、その文脈においてはじめて価値をもつのです。

「生成発展」がピンとこなければ、「周囲の同僚やお客様の問題解決、願望実現の役に立つため」という具合に、少々超訳して理解してもらってもいいです。この認識をベースにして勉強することで、ようやく自然の理法に沿ったよき自己投資になっていきます。

「ワークライフバランス」という言葉は、「ワークはほどほどにしてライフ（プライベート）を充実させよう」という意味ではありません。

「ワークで成果をだす（周囲の問題解決や願望実現に貢献する）ために、ライフを充実（心身ともに成長）させましょう」という意味です。

もちろん、成長一辺倒では疲れてしまいますから、そのためにも「一日教養、一日休養」。ただし、リフレッシュと同じくらいの配分で、自己成長にも時間を割く。それも、自己完結の自己成長ではなく、他者貢献の自己成長をやっていく。

もしあなたに少しでも心当たりがあるのであれば、ぜひ本パートで紹介した松下幸之助の言葉を、覚えるくらい熟読してください。

▼自分も周囲も成長させる「紙1枚」勉強法

ここからは、本章の文脈に即した「紙1枚」勉強法の紹介です。また「エクセル1」を書いてほしいのですが、今回のフレーム数は32にしてください。フレーム数16の「エクセル1」をつくってから、さらに間にヨコ線を4本引けば32フレームになります。

フレームが書けたら、テーマ欄にこう書いてください。

「仕事で起きている問題は?」

社内・社外は問いません。いま仕事をしていて「これは問題だな」と思っていることを書き出してもらえばOKです。ただし、書くのは左半分だけ。最大で15個までにしてください。では、どうぞ。

(3分程度、実際に書き出してから以降を読み進めてください)

無事に書けたでしょうか。

図11　「紙１枚」勉強法①

20XX.4.XX　仕事で起きている問題は?	ノルマが高い		
残業が多い	社長にビジョンがない		
やる気のない人が多い	厄介な取引先がいる		
人手が足りない	個人プレーばかり		
若手がすぐやめる	成長部門がない		
ベテランが使えない	部署間の連携がない		
市場が縮小している	ビジネスモデルが限界		
時間がない	仕事量の個人差が激しい		

Check Point!
自分だけの悩みを書いていないか?

Check Point!
自分以外の困りごとを見つけよう!

書き出したら、真っ先にチェックしてほしいことがあります。何を確認してほしいかというと、

「自分の悩みや不満ばかり書いてしまっていないか」

「自分以外の誰かや会社、取引先やお客様の困っていることを書いたかどうか」

先述の通り、「周囲の生成発展に貢献するため」に仕事をしていくわけですから、まずはそうした「自分以外の困りごと」をたくさん書き出せることが仕事のスタートラインと

なります。

ところが、自己完結型の仕事観をもっている人にこのワークをやってもらうと、そもそも数がだせません。あるいは、たくさん埋められたとしても自身の悩みや課題ばかりを書き出してしまい、他者の話がさっぱり登場してこないということがよくあります。

最大の問題は、「書き出してみないと自分ではそのことに気づけない、自覚ができない」という点です。ここまで読んでみて「自分は大丈夫」と思っている人ほど、しっかり手を動かしてこのワークをやってください。


さて、ここからはなにかしら自分以外の職場の同僚や職場全体、取引先やお客様の抱える問題が書けているという前提で話を進めていきます。

まずは赤ペンをもって、書き出したリストの中からあなたが特に解決したいと思っている問題に丸をつけてください。とりあえず今回は1個だけで大丈夫です。

続いて、今度は「エクセル1」の右半分を使いましょう。1行・3列目のフレームに、緑ペンで「どうやって解決する?」と書いてください。そして青ペンにもちかえ、思いつく限りの解決策のアイデアを残りの15個のフレームに埋めていってください。

図12　「紙1枚」勉強法②

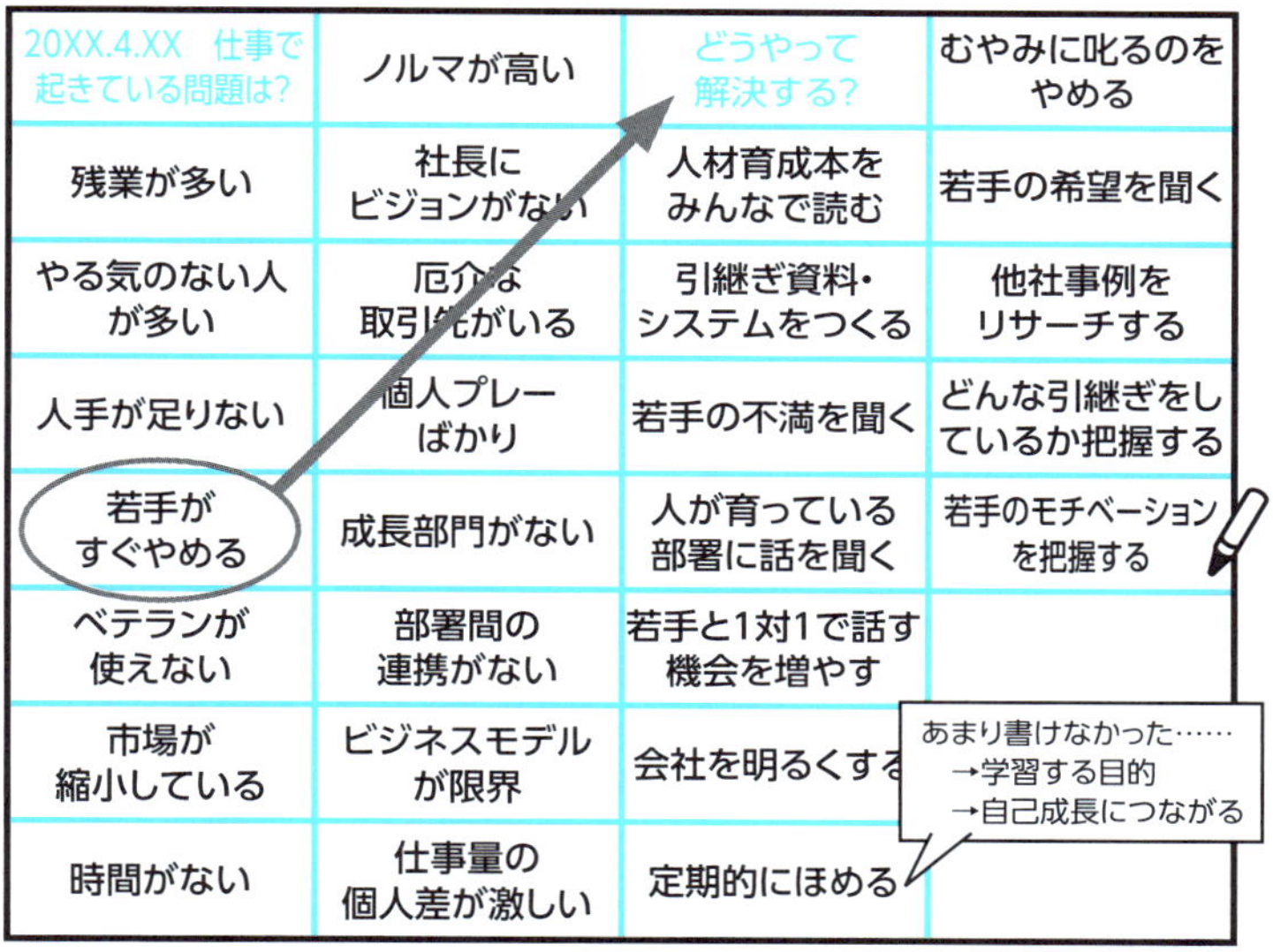
20XX.4.XX　仕事で起きている問題は?
ノルマが高い
どうやって解決する?
むやみに叱るのをやめる
残業が多い
社長にビジョンがない
人材育成本をみんなで読む
若手の希望を聞く
やる気のない人が多い
厄介な取引先がいる
引継ぎ資料・システムをつくる
他社事例をリサーチする
人手が足りない
個人プレーばかり
若手の不満を聞く
どんな引継ぎをしているか把握する
若手がすぐやめる
成長部門がない
人が育っている部署に話を聞く
若手のモチベーションを把握する
ベテランが使えない
部署間の連携がない
若手と1対1で話す機会を増やす
市場が縮小している
ビジネスモデルが限界
会社を明るくする
時間がない
仕事量の個人差が激しい
定期的にほめる
あまり書けなかった……
→学習する目的
→自己成長につながる

時間は3分から最大5分程度までとってもらって大丈夫です。では、どうぞ。

（最大5分程度、実際に書き出してから以降を読み進めてください）

さて、たくさん対策案をだすことができたでしょうか。だせた方は、その中で優先順位をつけてコツコツ実行に移していってください。一方、あまり対策案がでてこなかったという方については、ヒトコト。

それこそが、「学習の目的」なのではないでしょうか。

これまでは、「興味があるから」「学んでみたいから」「楽しそうだから」といった自分中心の理由で学習を進めていたかもしれません。

ですが、今回学んだ「誰かの生成発展に貢献するため」という自然の流れに沿うカタチで学習をスタートさせるならば、その目的もやはり「自分以外の誰かの問題を解決するため」であり、「それを実現できる力を自身に養うため」とするべきではないでしょうか。

今回、「エクセル1」を書いてみてあまり解決策のアイデアが浮かばなかったということは、自分のアタマの中にはまだ答えをだす材料が不足しているということです。

アウトプットするための情報が不足しているなら、インプットするしかありません。本を読むなり、スクールに通うなり、人に会って相談するなりして、青ペンで書ける情報を増やしていきましょう。

▼すらすら情報がまとまる「紙1枚」学習術

ちなみに、情報をインプットする際にも「エクセル1」は使えます。

たとえば、本を読むなら、読んだあとに「本のまとめ」というテーマでフレーム数16も

図13　すらすら情報がまとまる「紙1枚」学習術

青色のペンで、「響いたキーワード」を書き込んでいく

20XX.4.XX 本のまとめ	困っても困らない	△△△……	
超訳より超実践	エクセル1	×××……	
行動ファースト	生成発展		
ポジティブ・フォーカス	○○○……		

しくは32の「エクセル1」を書いてください。

そして、響いたキーワードをピックアップして青ペンで記入していきましょう。「響いたキーワード」というのは、もちろん目的を達成する上で、すなわち誰かの問題解決や願望実現に貢献するために有効なキーワードという意味です。

なお、目的を見失いそうになった時は、先ほど書いた「仕事で起きている問題は？」という「紙1枚」を何度も見返してください。「本のまとめ」の「エクセル1」を記入する際に、手元に置いてチラチラ見るというやり方が、最も行動に移しやすいアクションになるでしょう。

▼すぐに話がまとまる「紙1枚」相談術

あるいは、「人に相談する」という文脈でも「エクセル1」は応用可能です。テーマのところに「Aさんへの相談まとめ」と書いた「紙1枚」をあらかじめ用意し、ヒアリングに臨みましょう。

あとは、Aさんの話を聞きながら、その場で青ペンキーワードを埋めていきます。ヒアリングが終わったら、赤ペンを取り出し、「目的達成に特に有効な話はどれか？」という問いを立て、丸で囲ったり線でつないだりしてまとめていきましょう。

「アクションとしてやることは毎回同じなのに、これほどまでに応用が利くのか！」

そう驚いてもらえていれば、とても嬉しいです。このあともずっと手法自体は同じです。応用範囲の広さを楽しみつつ、たくさん書いていってください。

図14　すぐに話がまとまる「紙1枚」相談術

①青色のペンでヒアリングのメモをとる

20XX.4.XX Aさんへの 相談まとめ	△△課長	最終的なゴール	社内での調整
取引先との トラブル	××さん	今日 やるべきこと	上司への報告
キーマンは 誰か?	問題解決の 段取り	各種メール	
○○部長	次回の アポイント	資料作成	

▼

②赤色のペンで優先順位・関連づけを行う

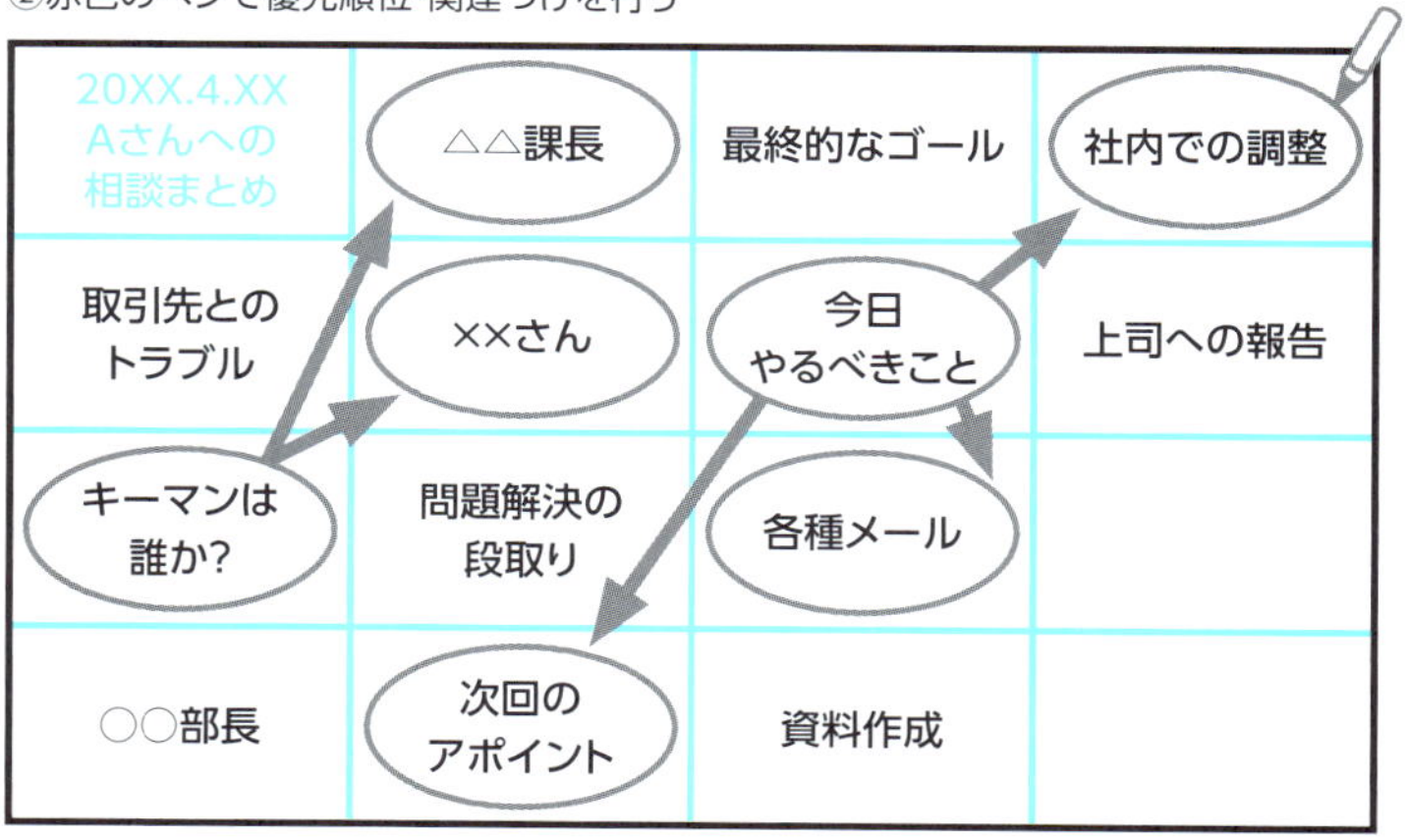

雨が降れば
傘をさす

▼「当たり前の状態」を自らに問い続ける

先ほど、「仕事で起きている問題は？」というテーマで「紙1枚」を書いてもらった際、まったく思い浮かばなかった、あるいは自分の悩みばかり書いてしまったという人も多いと思います。

そういう場合はどうしたらいいのか、どうすれば自分なりに他者貢献的な問題を発見できるようになるのかという話を、ここでは扱っていきたいと思います。

松下幸之助の名言から学べる問題発見のキーワードは、

「雨が降れば傘をさす」

というものです。

いったいどういう意味なのか。

第1章の「困っても困らない」同様、この名言も有名なのですが、まずは以下を読んでみてください。

私が松下電器の社長から会長になって（昭和三十六年）、まもないころのことです。ある新聞記者の方が取材に来られて、

「松下さん、あなたの会社は非常に急速な発展を遂げてこられましたが、どういうわけでそうなったのか、その秘訣をひとつ聞かせてくれませんか」

との質問です。

ひと口に発展の秘訣といわれても、さてどう答えたものやら、という気が一瞬しましたが、ふと思いついて私は、逆にこんな質問をその若い記者の方にしたのでした。

「あなたは雨が降ったらどうされますか」

その質問がよほど予想外だったのでしょう。その方はびっくりした顔つきで、しばらくとまどっておられるふうでしたが、それでもまじめに、私が予期した答えを返してくれました。

「そりゃあ傘をさします」

「そうでしょう。雨が降れば傘をさす。そこに私は発展の秘訣というか、商売のコツ、

経営のコツがあると考えているのです」

という話をしたのでした。

その考えは、二十年たった今も少しも変わりません。つまり、雨が降れば傘をさす。そうすれば、ぬれないですみます。それは天地自然の理に順応した姿で、いわば万人の常識、ごく平凡なことです。商売、経営に発展の秘訣があるとすれば、それはその平凡なことをごく当たり前にやるということに尽きるのではないかという気がするのです。


『経営のコツここなりと気づいた価値は百万両』


ごくごく平凡なことを、ごくごく当たり前にやる。それが「雨が降れば傘をさす」の意味なのですが、ピンときたでしょうか。

正直に言うと、私がはじめてこの名言に触れた時は、「何を当たり前のことを言っているんだ」と感じました。当時はまだ大学生だったため、わからなくても致し方なかったのですが、社会人になり実務経験を積む中で、徐々にこの言葉の深遠さを感じられるようになっていきました。

もう少しこの言葉の深みにアクセスできるよう、別の著書からも引用しておきます。

私は自分の経営の秘訣《ひけつ》というようなことについて質問を受けることがあるが、そういうときに「別にこれといったものはないが、強いていえば〝天地自然の理法〟に従って仕事をしていることだ」という意味のことを答える場合がある。

天地自然の理法に従った経営などというと、いかにもむずかしそうだが、たとえていえば「雨が降れば傘をさす」というようなことである。雨が降ってきたら傘をさすというのは、だれでもやっているきわめて当然なことである。もしも、雨が降ってきても傘をささなければぬれてしまう。これまた当然のことである。

そのように当然のことを当然にやっていくというのが私の経営についての行き方、考え方である。

（中略）

そのように、私のいう〝天地自然の理に従った経営〟というのは、当然なすべきことをなすということである。それに尽きるといってもいいかもしれない。その、なすべきことをキチンとなしていれば、経営というものは必ずうまくいくものである。その意味では、経営はきわめて簡単なのである。

いい製品をつくって、それを適正な利益を取って販売し、集金を厳格にやる。そういうことをそのとおりやればいいわけである。

ところが実際の経営となると、そのとおりやらない場合も出てくる。

（中略）

要するに、なすべきことをなしていない姿であり、それはすなわち、天地自然の理に反した姿である。経営の失敗というのは、すべてそういうところから生じているといってもいいであろう。

『実践経営哲学』


これでだいぶイメージがわいてきたのではないでしょうか。第2章のテーマ「生成発展という自然の理法に従う」という観点とも、つなげて理解するようにしてください。

少し解説をくわえておきたいポイントは、「実際の経営となると、そのとおりやらない場合も出てくる」という部分です。「雨が降れば傘をさす」というのは、要するに「当たり前のことをやろう」と言っているわけですが、この当たり前が実行されていない場面が実際の仕事では多々あるという事実に目を向けてみてほしいのです。

この認識に立てば、仕事の問題解決力、その中でも特に問題発見力を高めていく上で、根幹に据えるべき基本的な考え方が見えてきます。すなわち、

・お客様との関わり方は、どうなっていることが当たり前の状態なのか？
・取引先との関係性は、どうなっていることが当たり前の状態なのか？
・自部署のマネジメントは、どうなっていることが当たり前の状態なのか？
・会社の経営は、どうなっていることが当たり前の状態なのか？
・自分の仕事のプロセスは、どうなっていることが当たり前の状態なのか？
・所属している課の業務分担は、どうなっていることが当たり前の状態なのか？

こういった問いを常に発していれば、「当たり前の状態と現状との比較」から、自ずとそのギャップ＝取り組むべき課題が見えてくるようになります。「自分の仕事については特に問題もなく、大丈夫です」なんて言っていたのが恥ずかしくなるくらい、大小さまざまな問題が見つかるはずです。

「雨が降れば傘をさす」の実践①

当たり前の状態を問う

ただ、ここで終わってしまうと、「たしかにそうだな」という感想がわくだけで、何も変わりません。これも「紙１枚」と組み合わせることで、明日からさっそく実践できる道筋をつくっていきましょう。

フレーム数32の「エクセル１」を書いてみてください。テーマのフレームには、これを書いている日付と「当たり前の状態は？」という言葉を緑ペンで記入してください。

このテーマの文脈については、自身の仕事内容に合わせて変えてもらってかまいません。お客様との関わり方、職場運営の在り方、事業戦略レベルの話等々、ともかくあなたの目から見て「何ができていれば、どうなっていることが当たり前の状態なのか」について考えながら、浮かんだキーワードを青ペンで書き込んでいってください。今回も左半分だけ埋めてほしいので、最大15個まで。時間は５分程度までとしてください。では、どうぞ。

（最大５分程度、実際に書き出してから以降を読み進めてください）

「雨が降れば傘をさす」の実践②

当たり前になっていない現実を探す

さて、今度は右半分を埋めていきましょう。まずは緑色のペンで1行・3列目のフレームに「何が問題か？」と書いてください。左に書いた「当たり前」と現状とを比較することで、なにかしら問題点が見えてくるはずです。それを青ペンで書き出していってください。これも最大5分程度でお願いします。では、どうぞ。

（最大5分程度、実際に書き出してから以降を読み進めてください）

無事に、問題を発見していく基本プロセスを体感できたでしょうか。あとは図12で紹介した方法につなげてもらえば、問題解決に向け行動していけるようになります。

ビジネススキル教育の世界では、「問題解決より問題発見のほうが重要」と言われることがあります。実際、より高度に、より精緻に問題発見のプロセスを踏もうと思えば、い

図15　何が問題かを自分に問う

20XX.4.XX 当たり前の状態は?	お客様第一	何が問題か?	他責思考
締め切り通りの進行	情報の随時共有	締め切りに遅れがち	
市場を把握している	5年先までの戦略立案	市場調査の不足	
入念な事前調査	人がやめない	静かな職場	
活気ある職場	モチベーションが高い	残業が多い	
議論しやすい環境	率先垂範	自己都合優先の仕事	
無駄のない経営	相談しやすい	先見性のない経営	
残業ゼロ		人が辞めがち	

当たり前の状態と比べることで、問題を「見える化」する

くらでも複雑にはできます。

ただ、そういったビジネススクール的な問題解決（発見）手法を学んでも、難しくて実践できない、学んでも結局何も身につかずにほとんど忘れてしまっているというのであれば、投資した意味がありません。

あるいは、実践する力があったとしても、日々の忙しさや制約のある環境のせいで、時間的・予算的・人的リソースが確保できないというケースも多々あるでしょう。

今回紹介したやり方は、「何が当たり前の状態なのか」を考え、理想と現状とを比べてみるだけなので非

常にカンタンです。

「雨が降ったら傘をさそう」「買ってもらったらお金はちゃんと払ってもらおう」「仕事をする時は契約書をしっかり確認・締結してからはじめよう」といったレベルの話ですから、ビジネススクール的な知見以前の話です。

とはいえ、中小企業であれ大企業であれ、実際に日々仕事をしていれば誰もが感じることだと思いますが、現実には「当たり前のことが当たり前に行われていない場面」がそこかしこに見られます。

生成発展のために解決すべき問題は、日常にいくらでも転がっているのです。

あまり背伸びすることなく、まずはこういった身近な問題解決をコツコツ積み上げていく必要があるのではないでしょうか。

さまざまな段階の読者が本書を手に取っていると思いますが、ぜひそれぞれの立場で、この「当たり前の実現」と向き合うようにしてください。

朝に発意、
昼は実行、
そして夕べに反省

▼松下幸之助の名言が、PDCAサイクルを表していた？

ここまでの話を、いったんまとめてみます。

まず、何が当たり前なのかを考え、それと現状の仕事を比較し、問題を発見する。

発見できたらその解決策を考え、実行に移していく。

もしうまくいかなければ、あるいはそもそも解決策が浮かばなければ、解決策が見出せるまでインプットを増やしてトライを続けていく。

それらすべてについて、抽象論ではなく「紙1枚」書くというシンプルな動作だけで実践できる道筋をつけようというのが、ここまでのポイントでした。

この一連の流れを学んだところで、以下の松下幸之助の言葉を読んでみてください。


これまで、私が松下電器の経営にあたってきた中で、商売の心得として、その時々に話し、また書いてきたものがいろいろあります。それらをまとめたものがほしいと

いうお声を最近ずいぶんいただくようになりました。そこでそのいくつかを選んでみました。このようにまとめて見直してみますと、結局、商売には、つぎのような基本姿勢が大切だと思いました。

つまり、仏教徒の方々の生活態度は、朝に礼拝、夕べに感謝といいますが、われわれ日々仕事に携わる者も、朝に発意、昼は実行、そして夕べに反省、こういう日々をくり返したいということです。同様に、毎月、毎年の初めに発意、終わりは反省。そして五年たったら、その五年分を反省する。そうすると五年間に実行してきたことのうち、よかったこと、よくなかったことがある程度分かってくると思います。

私自身の経験では、おおむね過ちないと思っていても、五年後あらためて考えてみれば、半分は成功だったが、半分はしなくてもいいこと、失敗だった、ともいえるように思うのです。そのように反省しつつ歩むならば、つぎの歩みを過ち少なく進めることもできるわけです。

要するに商売というものは、この発意、実行、反省が大事なことであり、私自身も、こういう基本姿勢をさらに重要視していかねばと、あらためて痛感している次第です。

『商売心得帖』

「発意し、実行し、反省する」

現在のビジネス書でポピュラーな言い回しに換言するなら、PDCAといったところでしょうか。

・Plan：事前によく考える（発意）
・Do：やってみる（実行）
・Check：振り返りをして再度よく考える（反省&発意）
・Action：改善する（実行）

この繰り返しを仕事の基本にしようという話なのですが、ではいったいどうすれば発意・実行・反省のサイクルを日々回していけるのか。

この点についてはさまざまな文脈での話がありえますが、当面は第1章と第2章で書いてきたことを実践できるようになれば、もうそれで十分です。

すなわち、「P＝発意」の段階では、「当たり前の状態と現状との比較」によって取り組む問題を見出していく。そして、問題解決に向け何をすべきかのアイデアをだし、優先順位をつけて実行していく。ここが「D＝実行」の段階です。

ただ、この実行部分については一点、追加で話しておくべき内容があります。

実は111ページで、私は少々「仕掛け」をしておきました。いったい何を仕掛けたのかというと、「優先順位をつけてコツコツ実行に移していってください」という行動に移せないレベルの表現をあえて使っておいたのです。本書の世界観に慣れてきた人であれば、この言葉を見た時におそらくこう感じたはずです。

「優先順位って、どうすればつけられるんだろう……」と。

実際、部下や後輩、若手から「優先順位ってどうすればつけられるんですか」と相談されたら、あなたはどう答えるでしょうか。相手が、実際に行動に移せるレベルでのアドバイスができるでしょうか。

もしそれが難しいというのであれば、おそらく自分でもあまり実践できていないということになります。これから紹介する方法をぜひ参考にしてください。

▼いつでもブレない決断ができる「紙1枚」優先順位決定法

先ほど、111ページで「どうやって解決する?」というテーマで書いた「エクセル1」を取り出してください。

以降のプロセスを通じ、紙に書き出した対策案に優先順位をつけて、実際に実行するものを決めていきましょう。

赤ペンをもってください。そして、これから提示する3つの質問に該当するものを、それぞれ3つまで囲っていってください。

質問1：（できるかどうかは度外視して）やったら効果的な対策はどれか?

質問2：取り組みやすいもの、カンタンに実行できそうな対策はどれか?

質問3：（主観的でよいので）自分が特にやりたいと思う対策はどれか?

質問1については、これまで通り丸で囲っていってください。一方、質問2は三角、質問3は四角というように囲み方を変えてください。

カタチを変える理由は、複数の質問で何回も囲われる対策案がでてくるためです。どの質問で囲ったのかがわかるよう、視覚的に変化をつけるのが狙いです。それでは、1分ほど時間を確保してやってみてください。どうぞ。


（1分程度、実際に囲むプロセスを終えてから以降を読み進めてください）


囲み終わったら、書いた「紙1枚」全体を俯瞰《ふかん》するように見てください。

すると一目瞭然、やるべきことが浮かび上がってきたのではないでしょうか。複数のマークで囲われたものはそれだけ優先順位が高いということですから、あとはそれらを中心に実行していけばよいということになります。

いかがだったでしょうか。あまりにもカンタンな方法で拍子抜けしてしまった人も多いと思います。そこで、以降はあえて堅めの言葉にして、この方法をまとめてみます。

このやり方は、要するに「有効性」（効果的か）、「実現性」（取り組みやすいか）、「選好

図16　「紙１枚」優先順位決定法

図12でだした解決策の中から……

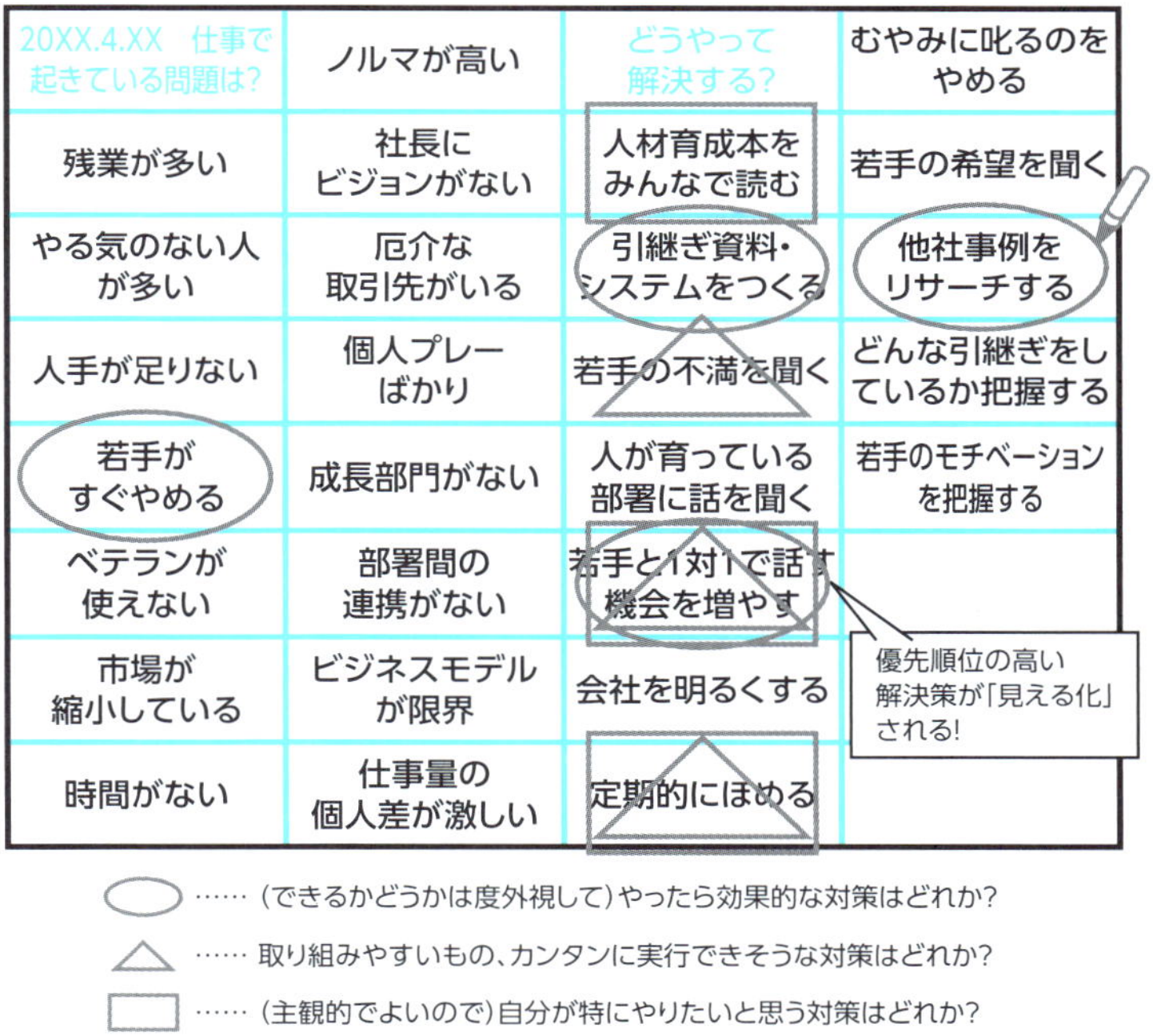
20XX.4.XX　仕事で起きている問題は？
残業が多い
やる気のない人が多い
人手が足りない
若手がすぐやめる
ベテランが使えない
市場が縮小している
時間がない
ノルマが高い
社長にビジョンがない
厄介な取引先がいる
個人プレーばかり
成長部門がない
部署間の連携がない
ビジネスモデルが限界
仕事量の個人差が激しい
どうやって解決する？
人材育成本をみんなで読む
引継ぎ資料・システムをつくる
若手の不満を聞く
人が育っている部署に話を聞く
若手と1対1で話す機会を増やす
会社を明るくする
定期的にほめる
むやみに叱るのをやめる
若手の希望を聞く
他社事例をリサーチする
どんな引継ぎをしているか把握する
若手のモチベーションを把握する
優先順位の高い解決策が「見える化」される！
……（できるかどうかは度外視して）やったら効果的な対策はどれか？
……取り組みやすいもの、カンタンに実行できそうな対策はどれか？
……（主観的でよいので）自分が特にやりたいと思う対策はどれか？

性」（やりたいか）という3つの観点から、「どの対策案を採用すべきか」について考えてみたということです。

それら3つの観点のすべて、もしくは複数重なる対策案があれば、当然それが実行すべきものとなります。異なる観点から質問を重ねていくことで、優先順をあぶり出す、見える化するのが、この「紙1枚」優先順位決定法です。

もし、「このやり方の価値がピンとこない」という方がいるのであれば、ぜひ「同じようなことをアタマの中だけでやったらどうなるか」と考えてみてください。

多くの読者が、「アタマの中だけでは到底できないだろう」という事実に直面するはずです。もちろん、テーマによっては「紙なしでも大丈夫」という人もいるとは思いますが、はたして、どんなテーマでも常に「紙なし」でいけるでしょうか。

アタマの中だけでは太刀打ちできなかった時、何かリカバリー手段はあるでしょうか。もし、「紙1枚」書くだけでリカバリーできるのだとしたら、身につけておく価値は十分あるはずです。

あるいは、仮に自分ができたとしても、部下や後輩は同じレベルの思考整理がアタマの中だけでできるでしょうか。できない場合、自身が脳内でやっていることを、どうやって言語化・動作化して相手に教えればよいでしょうか。

そんな時、もしこの方法を身につけていれば、部下や後輩の生成発展にも貢献できるようになります。

以上、ここまで視野を広げていけば、「紙1枚」優先順位決定法のそれこそ「有効性」

や「実現性」を感じられると思います。
あなたの中で「この方法をやってみたい」という「選好性」がうまれてきたのであれば、とても嬉しいです。

▼「発意と実行」を回し続ける「紙１枚」反省術

発意（P）と実行（D）についての「紙１枚」実践法を紹介したので、あとは反省（C）の「紙1枚」です。「日々反省」というのが理想ではありますが、実際にはなかなか実践するのは大変だと思います。日単位、週単位、月単位、どの単位でやってもらってもかまいませんが、ここでは最もイメージしやすく、また取り組みやすいであろう週単位のケースを紹介したいと思います。

１３５ページの「発意」の段階で考えた対策案について、１週間日々「実行」したとしましょう。

その段階で、再びフレーム数32の「エクセル１」を書いてください。まず、一番左上のテーマのところには、「仕事の目的は？」と書いてください。

何のために対策案を考え、この1週間実行してきたのか。当然、目的を達成するためなのですが、それをちゃんと覚えているか、改めて書いてみてほしいのです。

「手段と目的がごっちゃになる」「目的を見失う」といった言い回しが広く使われている通り、人は誰しも、すぐに目的を忘れてしまいます。実際、多くの受講者が、ここで目的がすらすらと書けずに愕然とする、という体験をしています。

なぜ愕然とするのかと言えば、その事実について「紙に書き出す」までは気づいていなかったからです。書かなければわからないこと、書くからこそ得られる自覚があるのです。だからこそ、「反省＝振り返り」の第一歩は「目的の明記」から。青ペンで記入していきましょう。

続いて、1行・2列目のフレームに、緑ペンで「今週、実際にやったことは？」と書いてください。この1週間、目的の達成に向けて実際にやったことを青ペンで書き出していってください。

書き終えたら赤ペンを取り出し、「やってよかったことは？」という質問を立ててください。評価はいたって主観的でかまいませんので、該当するものを丸で囲っていきます。それが終わったら、今度は「改善が必要なものは？」という質問を立て、該当するものを

図17　「発意と実行」を回し続ける「紙1枚」反省術

①「仕事の目的」と「実際にやったこと」を書き、やってよかったことは丸で、改善が必要なものは三角で囲む

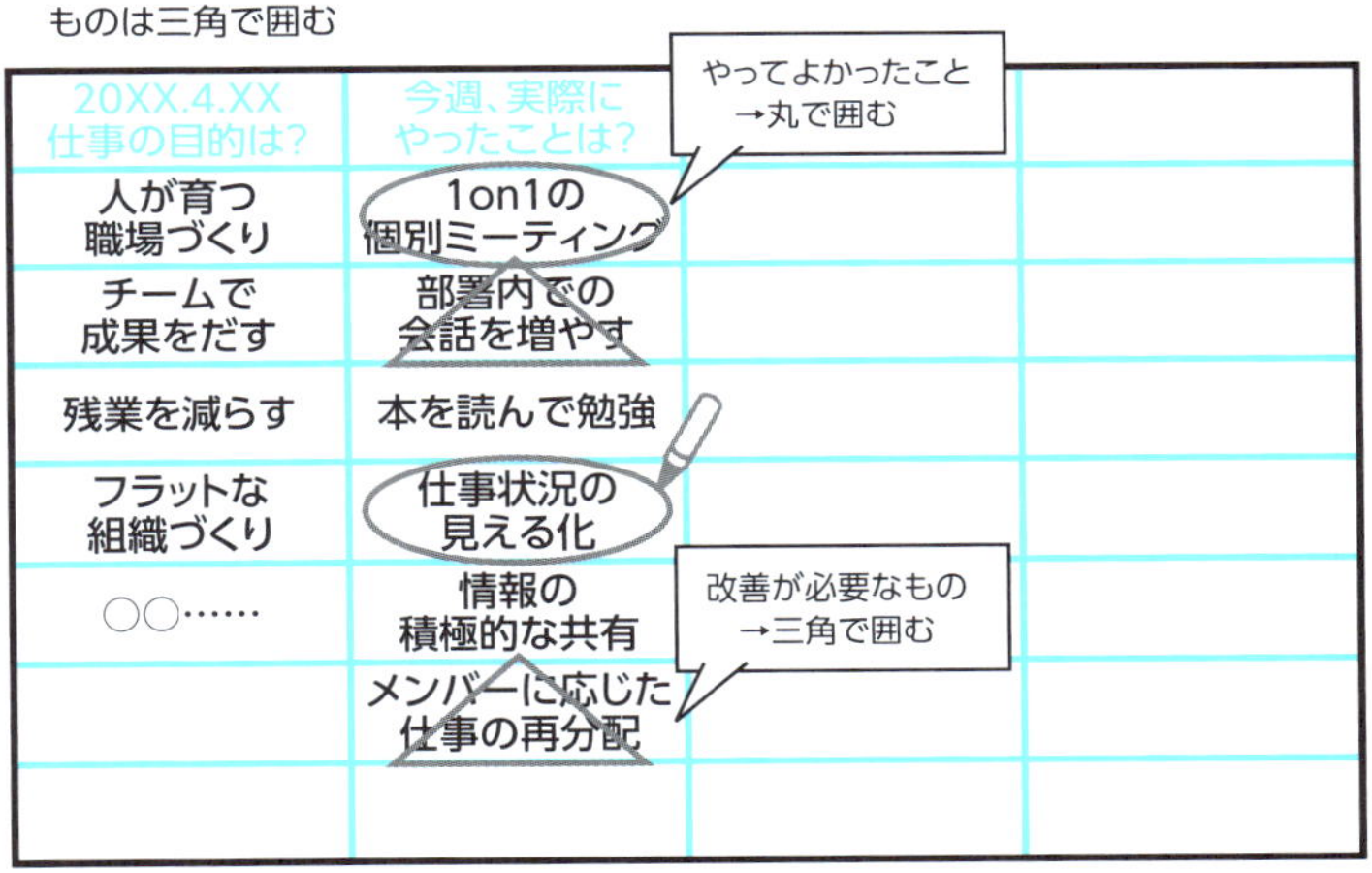
20XX.4.XX
仕事の目的は?
今週、実際に
やったことは?
やってよかったこと
→丸で囲む
人が育つ
職場づくり
1on1の
個別ミーティング
チームで
成果をだす
部署内での
会話を増やす
残業を減らす
本を読んで勉強
フラットな
組織づくり
仕事状況の
見える化
○○……
情報の
積極的な共有
改善が必要なもの
→三角で囲む
メンバーに応じた
仕事の再分配

②上記を踏まえて、「来週やってみること」を書き出す

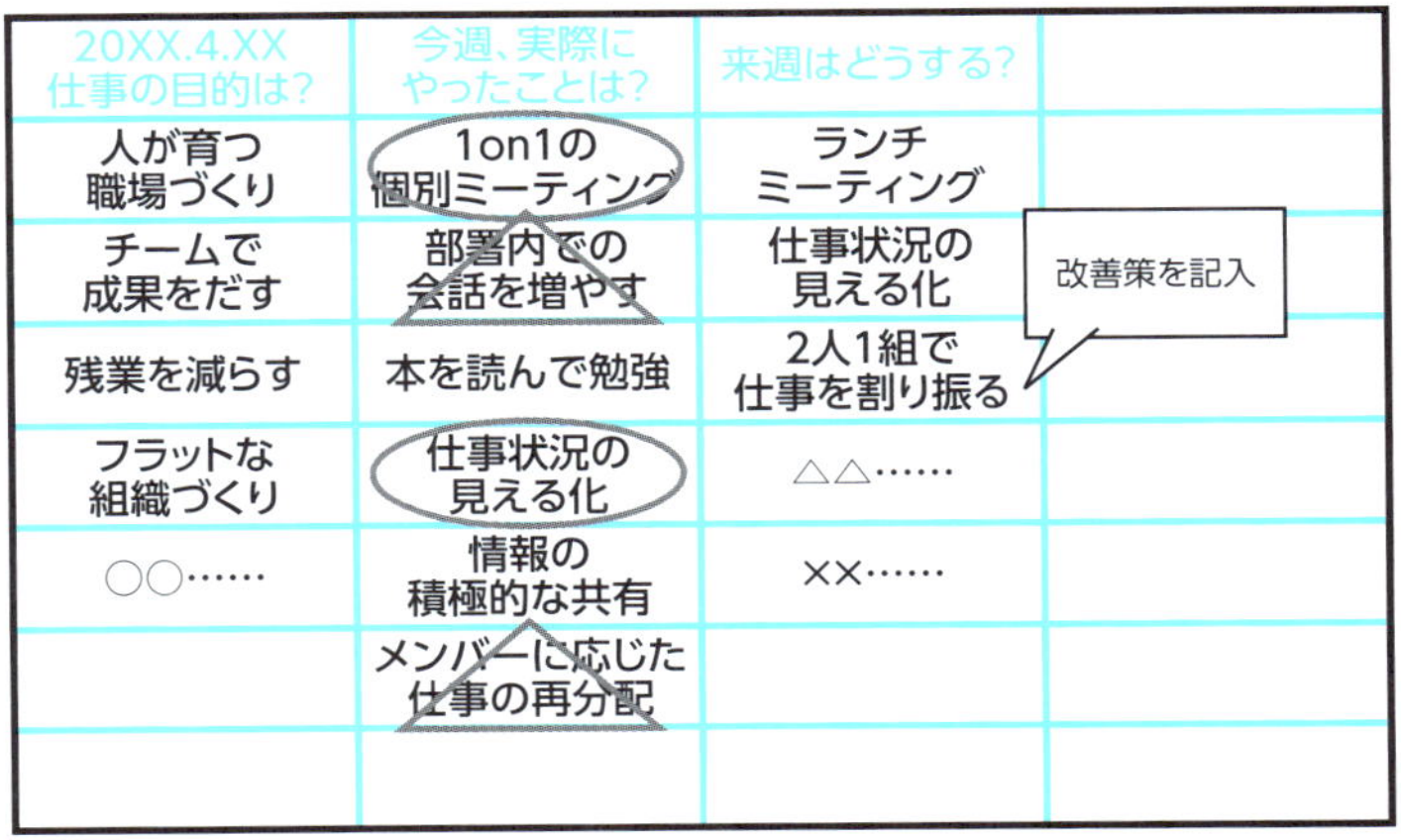
20XX.4.XX
仕事の目的は?
今週、実際に
やったことは?
来週はどうする?
人が育つ
職場づくり
1on1の
個別ミーティング
ランチ
ミーティング
チームで
成果をだす
部署内での
会話を増やす
仕事状況の
見える化
改善策を記入
残業を減らす
本を読んで勉強
2人1組で
仕事を割り振る
フラットな
組織づくり
仕事状況の
見える化
△△……
○○……
情報の
積極的な共有
××……
メンバーに応じた
仕事の再分配

三角で囲っていってください。

最後に、1行・3列目のフレームに「来週はどうする?」と緑ペンでテーマを書いてください。もし3列目が前の質問のキーワードで埋まっていたら、4列目でも結構です。

そして、三角で囲われたものを改善すべく、来週は何をやっていくのかを書き出していってください。書き出したあとの絞り込み方は、「紙1枚」優先順位決定法(133ページ)と同じです。

「発意、実行、反省」のコツ①

ポジティブ・フォーカスとは区別せよ

これで、「発意」「実行」「反省」のすべてについて、「紙1枚」で実践できるようになりました。あとは実際にやってみましょう、ということで第2章をおしまいにしたいのですが、第1章同様、最後に3つほど実践のコツを補足しておきます。

コツの1つ目は、「第1章のポジティブ・フォーカスとごちゃ混ぜにしない」という点です。今回、反省のパートで改善が必要なものに三角をつけるというプロセスがありました。これについて、「第1章で言っていることと違うじゃないか」と感じた人が、もしかするといるかもしれません。

そう感じた人は、それこそ「目的」を忘れてしまったのではないでしょうか。

第1章の目的は「ポジティブ・フォーカスの思考回路を手に入れること」でした。したがって、書いたことをできるだけ前向きに解釈する習慣づくりを行っていく必要があったわけです。

一方、今回の目的は「今後の働き方を改善し、自身を成長させて、自分以外の他者の生成発展に貢献すること」ですから、「全部いいことばかりだった」となってしまっては改善がはじまりません。

目的が曖昧《あいまい》だから、こうした混乱が生じるのです。筋トレにたとえるならば、第1章でやったことは腹筋で、いま第2章でやっているのは背筋のトレーニングだと捉えてください。どちらも大事な筋肉ですが、鍛えたいポイント、目的が異なるのです。目に見えるカラダの話ならカンタンにわかるのですが、アタマの中の話になると途端にごちゃ混ぜにしてしまう人がいます。注意してください。

「発意、実行、反省」のコツ②

「毎○」にこだわりすぎない

コツの2つ目は、「期間にはこだわらない」という点です。

ビジネス書の棚を賑わすPDCA本を見ていると、「毎日やれ」「毎週やれ」「毎月やれ」といったものが多いです。実際、定期的にやれるに越したことはないのですが、多くの人にとってこれは至難の業《わざ》です。

自分の意志の問題という側面も多分にありますが、たとえば特にサラリーマンの方は「突発的に出張が入った」「急に対応しなければいけない案件が発生した」「突然上司から仕事をふられた」等々、自分ではコントロールできない日も頻繁にでてくるはずです。

そうすると、やる予定のことも実行できないわけですが、一般的には「必ず定期的にやれ」となってしまっているため、人によっては過剰に落ち込んでしまう場合があります。

「ああ、やるつもりで取り組んできたのに、ついに今日はできなかった……」

こうなってしまうと、明日以降再開するハードルが、特に精神面で非常に高くなってしまいます。もう二度とやらない、という事態にも陥りかねません（第1章の「ポジティブ・フォーカス」が習慣化していれば大丈夫なのですが）。

そうならないためにも、頑《かたく》なに「毎日書く」「毎週書く」といったことを決めないほうがいいと思います。もう少し柔軟に、たとえば「３日に１回程度は書く」「週に最低１回どこかで書けばＯＫ」というように、一定のバッファを確保した条件でやれば十分です。

目的は、「習慣化していくこと」です。とにかく続けなければ意味がないため、現在の自分の状況に合わせてフレキシブルに捉えるようにしてください。

「発意、実行、反省」のコツ③

60パーセントでよしとせよ

最後の３つ目のコツは、「６割でＯＫとする」という感覚です。これも、最終的にはどれだけ「ポジティブ・フォーカス」が習慣化しているか次第なのですが（だから第１章が重要なのです）、手法がこれだけシンプルだと「本当にこれだけでいいの？」と疑心暗鬼になってしまう人もいると思います。

実際、問題の明確化や対策の立案プロセスについて、より深く丁寧に分析しようと思えばいくらでもできます。そうした精緻な分析と比べれば、本書の手法が少々荒っぽく頼りないやり方だというツッコミはいくらでも成り立つでしょう。

ただ、そうした精緻な問題解決手法を知っていたとしても、使えている人はほとんどいないというのが現実です。あなたの職場を見渡してみてください。ビジネススクールで教えられているような手法を日常的に使えている社員が、はたしてどれだけいるでしょうか。

くわえて、松下幸之助もこんな言葉を残してくれています。


どんな仕事でも、仕事をやるからには判断が先立つ。判断を誤れば、せっかくの労も実を結ばないことになろう。

しかし、おたがいに神さまではないのだから、先の先まで見通して、すみからすみまで見きわめて、万が一にも誤りのない一〇〇パーセント正しい判断なんてまずできるものではない。できればそれに越したことはないけれど、一〇〇パーセントはのぞめない。それは神さまだけがなし得ること。おたがい人間としては、せいぜいが六〇パーセントというところ。六〇パーセントの見通しと確信ができたならば、その判断はおおむね妥当とみるべきであろう。

そのあとは、勇気である。実行力である。

いかに適確な判断をしても、それをなしとげる勇気と実行力とがなかったなら、その判断は何の意味も持たない。勇気と実行力とが、六〇パーセントの判断で、一〇〇パーセントの確実な成果を生み出してゆくのである。

六〇パーセントでもよいから、おたがいに、謙虚に真剣に判断し、それを一〇〇パーセントにする果断《かだん》な勇気と実行力とを持ちつづけてゆきたいものである。

『道をひらく』

「紙1枚」書いてみるというシンプルな動作の実践だけでも、多くの課題について「60パーセントの見通しと確信」は十分得られます。

逆に、そこで「やろう！」と決断できないのは、「勇気と実行力が足りないから」という見方もできるのではないでしょうか。

「もっと精緻に考えなければダメだ」となってしまう前に、精緻さを求める自分の背後には、ひょっとすると勇気のなさ・臆病さ・弱さがあるのではないかと捉えてみる。そんな盲点に気づくよいきっかけとなれば幸いです。

以上の3つのコツを踏まえ、ぜひ自身の働き方を改革していってください。

第3章

人と関わる働き方を改革する

ペーパーレスの隆盛やインプット過剰の
超情報化社会に呑み込まれた結果、
「コミュニケーション」に苦手意識をもつ
ビジネスパーソンの数は、かつてないほど増えている。

一方、松下幸之助は「人を活かす」天才であった。
部下に仕事を大胆に任せ、社員のやる気を引き出し、
いまも広く人々から愛されている。
本章では、その本質を「紙1枚」で実践する技術を紹介する。

長所を見ることに
七の力を用い、
欠点を見ることに
三の力を用いる

事前準備ワーク

苦手な人と向き合う

第2章までは、「個人でコントロールできるレベルの話」を中心に扱いました。

それにたいして、第3章では「周囲の人とどう関わっていくか」という点に特にフォーカスをあてていきます。

日々、組織で仕事をしながら行っているビジネスコミュニケーション。これを劇的に改善し、時短やストレスの軽減等を実現していくにはどうすればいいのか。

もちろん、引き続きやることは「紙1枚」書くだけです。

さっそくですが、緑ペンでフレーム数32の「エクセル1」を書いてください。左上のフレームに日付とテーマ、今回は「仕事で関わる人は？」と記入してください。

そしていまから3分ほど時間をとって、仕事で関わる人たちの名前を青ペンで書き出していってください。

社内・社外は問いません。職場の同僚以外の、取引先やお客様でもかまいません。

なお、あとあとのことを考えると、このワークはこっそりやったほうがいいです。人に見られないようにやってください。念のため、本名ではなくイニシャルで書いたほうがリスクヘッジとしてよいかもしれません。

右半分はあとで使いますので、左半分の最大15名までとします。ではどうぞ。

（3分程度、実際に書き出してから以降を読み進めてください）

ここからは赤ペンを使います。

次の質問に該当する人を、丸で囲っていってください。

「どちらかというと長所よりも短所の印象が目立つ人、本音を言うと少し苦手だと感じている人は誰ですか？」

人数は、今回は何人でもいいです。

ともかく、「この人とのコミュニケーションはちょっと苦手なんだよな……」「この人とは、できれば一緒に仕事したくないな」という人がいたら、何人でもいいので囲ってくだ

図 18　仕事で関わる人は？

仕事で関わる人の名前を書き出し、苦手意識のある人を丸で囲む

20XX.4.XX
仕事で関わる人は？
A部長
B課長
Cさん
Dさん
取引先のE様
取引先のF様
協力会社の
Gさん
○○さん
△△さん
××様
書き出す時は
イニシャルでもOK!

さい。では、どうぞ。

（1分程度、実際に囲むプロセスを終えてから以降を読み進めてください）

いかがだったでしょうか。これで事前準備は完了です。

もしかすると、このワークでやや後ろめたい気持ちになった人がいるかもしれません。

でも、安心してください。これからしっかりとその辺りもフォローしていきます。

▼対人関係のベースも「ポジティブ・フォーカス」

序章で紹介した通り、松下幸之助は学歴もなく病弱でした。にもかかわらず日本を代表する企業を築き上げたのにはわけがあります。以下の言葉を読んでみてください。

私は学問も乏しく、これといった才能もない、ごく平凡な人間だと自分では思っているのですが、世間ではそんな私でも、「経営が上手だ」とか「人使いがうまい」などと言ってくださることもあります。自分では決してそんなつもりはないのですが、たびたびそういうことを言われて、なぜだろうと考えてみますと、一つ思いあたることがあります。

それは、私には社員がみんな自分より偉く見えるということです。どの一人をとってみても、自分より学問がある、才能があるというように立派に感じられます。

もちろん私はずっと社長なり会長という職にありましたから、社員の人にいろいろ注意したり、ときには「君アカンやないか」とボロクソに叱りつけたことも少なくありません。けれどもそれは、社長とか会長といった職責においてやっていることで、個人として自分が偉いからしているわけではないのです。叱りとばしながらも、内心では〝この人は自分より偉いな〟と思っているわけです。

そんな気持ちで人を使い社員に接してきたことが、これといったとりえのない私でも、多少とも商売に成功し、経営や人使いがうまいなどと言われるようになった原因ではないかと思うのです。

『経営心得帖』


自分に学歴がなかったからこそ、「誰もが優秀に見えた」というのです。

これもまさしく、「ポジティブ・フォーカス」脳の一例と言えるのではないでしょうか。

普通ならコンプレックスを抱き、背伸びし、相手を否定して相対的に自分を持ち上げるような言動に終始してしまうはずです。

嫉妬心に駆られ、人を引きずり下ろすような立ち居振る舞いになってもおかしくないはずなのですが、「ポジティブ・フォーカス」脳があれば、最終的には対人関係においてもこのような捉え方が可能となるのです。

逆に、「私は優秀だ」というエリート意識が強すぎる場合、なおかつ「ネガティブ・フォーカス」脳も強烈となってしまうと、どんなことが起きるのか。

右記の引用箇所の続きで、松下幸之助はこんな社長の例を紹介しています。

ある取引先の社長が、自分のところの社員を悪く言っていたそうです。その社長自身が立派な人で手腕もあるがゆえに、部下が物足りなく見えてしまったのです。

社長に限らず、勤続年数が長くなればなるほど、誰もがそのような心情を大なり小なり抱くはずです。ところが、松下幸之助曰《いわ》く、そうやって悪口を言っている会社や商店は必ずといっていいほどうまくいっていない。

反対に、「社員はいい人間ばかりで、ほんとうに喜んでいるのだ」という「ポジティブ・フォーカス」な社長のところは、みな成績もあがり、商売もうまくいっている。

この対比から明らかなように、上に立つ人は、部下にたいして、なにかしら自分よりも優れた部分を見出していけるかどうかが問われているのです。注意してほしいのは、「悪い面を見るな」と言っているわけではないという点です。まずは、「よい面」も「悪い面」も両方見る。その上で、できるだけ「よい面」のほうを選んでコミュニケーションしていこうということです。

対人関係や組織運営においても、「ポジティブ・フォーカス」を徹底することができるかどうか。

まずはここまでで、実践の方向性が「自分自身から他者」に移ったのだということを確認してください。

▼適性に徹する

もう１つ、別の観点からの話を引用しておきます。

完全無欠をのぞむのは、人間の一つの理想でもあり、またねがいでもある。だからおたがいにそれを求め合うのもやむを得ないけれども、求めてなお求め得られぬままに、知らず知らずのうちに、他をも苦しめ、みずからも悩むことがしばしばある。だがしかし、人間に完全無欠ということが本来あるのであろうか。

松の木に桜の花を求めるのはムリ。牛に馬のいななきを求めるのもムリ。松は松、桜は桜。牛は牛であり馬は馬である。つまりこの大自然はすべて、個々には完全無欠でなくとも、それぞれの適性のなかでその本領を生かし、たがいに与え与えられつつ、大きな調和のなかに美とゆたかさを生み出しているのである。

人もまた同じ。おたがいそれぞれに完全無欠でなくとも、それぞれの適性のなかで、精いっぱいその本領を生かすことを心がければ、大きな調和のもとに自他ともの幸福が生み出されてくる。この素直な理解があれば、おのずから謙虚な気持ちも生まれてくるし、人をゆるす心も生まれてくる。そして、たがいに足らざるを補い合うという協力の姿も生まれてくるであろう。男は男、女は女。牛はモーで馬はヒヒン。繁栄の原理はきわめて素直である。

『道をひらく』

先ほどの引用文が、第1章の「ポジティブ・フォーカス」を自分ではなく人に向けようという話だったのにたいし、この文章と紐《ひも》づけたいのは、第2章冒頭のキーワードです。すなわち、「自然の流れに沿うように考えてみる」。ここからスタートして理解を深めていくと、いったいどうなるのか。

今回の自明の理は、「個々は完全無欠ではない」です。このことを否定できる人は誰もいません。

こういった「誰もがその通りだ」とすんなり受け入れられるメッセージを起点にするからこそ、自然と、「素直に」、それぞれの「適性＝長所を見たほうがいい」というメッセージが導き出されていきます。

私がなぜ、松下幸之助のメッセージに惹《ひ》かれるのかというと、こうした「当たり前のことから出発する」という世界観が一貫して流れているからです。

「当たり前」だから「くだらない」ではなく、「当たり前」だからこそ、世代を問わず国を問わず、誰でも十分に理解や納得ができるわけです。

それでいて、こうした世界観に沿って仕事をすれば成果もだしていける。まさに、後世に語り継ぐべき知の遺産なのではないでしょうか。

さて、最後にもう1つ、よりダイレクトに長所を扱った言葉を紹介しておきます。


私自身としましては、元来、首脳者の心得として、つとめて社員の長所を見て短所を見ないよう心がけています。あまり長所ばかりに目を向けるため、まだ十分には実力が備わっていない人を重要なポストにつけて、失敗してしまうような場合もなきに

しもあらずです。しかし私はこれでよいと考えています。

もし私が、つとめて短所を見るほうであったとしますと、安心して人を用いることができないのみならず、いつも失敗しはしないかと、ひとしお心を労するでしょう。これでは事業経営にあたる勇気も低調となり、会社、商店の発展も十分には望めないことになりかねません。

ところが幸いにして、私は、社員の欠点を見るよりも、その長所や才能に目がうつりますので、すぐに〝あの男ならばやるだろう。あの男はこんなところがうまい。主任は務まるだろう。部長にしてもよかろう。一つの会社の経営をしてもらっても大丈夫だろう〟と、少しの心配もなく任せることができるのです。またこうすることによって、それぞれの人の力もおのずと養われてくると考えられます。

ですから、部下をもつ人はなるべく部下の長所を見るようにし、その長所を活用することが大切だと思います。それと同時に、欠点があればそれを正すように心がけることも大事でしょう。長所を見ることに七の力を用い、欠点を見ることに三の力を用いるのが、だいたい当を得ていると思われます。

それから、もちろん、部下である人もまた、これと同様に、上位者の長所を見るように心がけて尊敬し、短所はつとめてこれを補うように心がけることが大切です。もしこれに当を得たならば、よき部下となり、上位者の真の力となるにちがいありません。豊臣秀吉は、主人である織田信長の長所を見ることを心がけて成功し、明智光秀はその短所が目について失敗したといいます。心して味わうべきだと思うのです。

『商売心得帖』

「長所を見ることに七の力を用い、欠点を見ることに三の力を用いる」

具体的な数字まで明記されているので、ここまでのメッセージについてより深く理解することができたかと思います。ただ、いざ実践となると、ほとんどの方は「そう言われても……」という感じなのではないでしょうか。

実際、これは第1章でやった自分自身への「ポジティブ・フォーカス」以上に大変だと思います。ためしにそのことを体感してみましょう。

先ほど「仕事で関わる人は？」というテーマで書いた「紙1枚」を出してください。右半分が余っているはずなので、1行・3列目のフレームに新たなテーマとしてこう記入してください。

「その人の長所は？」

いったい誰の長所を書き出してほしいかというと、先ほど赤で囲った人たちです。

その中から、主観的でかまいませんので、3番目くらいに苦手な人を選んでください。

一番苦手な人だと、おそらくこれから紹介する方法を最後までやりきれないと思います。

そういう意味で3番目くらいとしておきました。

とはいえ、たとえ3番目であったとしても、もう選んだそばから「長所なんてありません」「そんなことは書きたくありません」という声が聞こえてきそうです。

それでも、どうか1分だけでいいので、書き出しにチャレンジしてみてほしいのです。

なお、「別に大丈夫です」という心理状態の方は3分ほどかけてやるようにしてください。

（1分から3分程度、実際に書き出してから以降を読み進めてください）

精神的負担の大きなワークに取り組んでいただきありがとうございました。

図 19　苦手意識がある人の長所を書き出す

20XX.4.XX 仕事で関わる人は?	○○さん	その人の 長所は?	
A部長	△△さん	言いにくいことでもはっきり言える	
B課長	××様	常に顧客目線	
Cさん		社外で顔が広い	
Dさん		成果へのこだわりは強い	
取引先のE様			
取引先のF様			
協力会社のGさん			

第1章のように自分に起きた出来事をポジティブに解釈するよりも、かなり心理的な負荷が大きかったはずです。

いったいどうすれば、より人の長所にフォーカスできるようになるのでしょうか。

具体的な方法はあります。

これは心理療法の知見を応用させたやり方なのですが、とはいえ別に何か特別なことをやるわけではありません。

相変わらず動作レベルでやることは「紙1枚」書くだけです。では、紹介します。

▼「紙1枚」で苦手な人にも長所を見出す

まずはフレーム数32の「エクセル1」を書いてください。テーマは、「なぜ苦手？」あるいは「何が苦手？」と緑ペンで書いてください（どちらか書けそうなほう、もしくは両方を並記してください）。

先ほど選んだ「3番目に苦手な人」について、どうしてそんなに苦手だと感じるのか、その理由を思いつく限り青ペンで書き出していってください。

同時に、苦手な人からはなにかしら嫌なことを言われたりされたりしていると思いますので、そういった言動・行動があれば、セリフや過去にやられたことをそのまま書いてしまってください。

最大数は15個まで。左半分すべてを埋めるつもりで、3分ほど時間をかけて取り組んでください。これは先ほどより、さらにしんどいワークですが、あとあと楽になりますので、どうか「素直に」取り組んでみてください。

（3分程度、実際に書き出してから以降を読み進めてください）

今度は赤ペンをだしてください。

「特に苦手だと感じる理由は？」「特に言われて嫌だったセリフは？」「されて嫌だな、と感じたことは？」という問いを立て、該当するものを3つほど選んで丸で囲ってください。

1分間ほどでお願いします。

（1分程度、実際に囲むプロセスを終えてから以降を読み進めてください）

ここまで、しんどいとはいえ、やること自体はこれまで通りでした。

ただ、今回の本番は、ここからです。

これから3分間ほど時間を使って、いま書き出した「エクセル1」（の左半分）を見続けてください。

本当に「ただ見るだけ」でOKです。

そして、「腹が立つ」「悲しい」「胃が痛くなる」等々、見ながらわいてくる感情やカラ

図 20　苦手意識を感じる理由は？

「3番目に苦手な人」の苦手な理由を書き出し、特に大きな理由を丸で囲む

20XX.4.XX なぜ苦手？	怖い		
空気を読まない	話しかけにくい		
本心がわからない	ちょっとした自慢も多い		
冷徹	心の中で見下されてそう		
こちらの本心を打ち明けられない	冷たい態度が多い		
社内政治がうますぎる	自分とはタイプが違う		
ときおり口が悪い	周りが見えなくなる時がある		
できない人の気持ちがわからない	社内の人を見下している		

今回はなるべく15個埋めてみよう！

ダの変化を感じてください。

わいてくるネガティブな感情やカラダの違和感を取り除く必要はありません。そのまま感じ続けていれば大丈夫です。

かなりつらい3分間ですが、これですべてのプロセスが終了します。逃げずに向き合ってみてください。では、どうぞ。

（3分程度、実際に向き合ってから以降を読み進めてください）

最後まで能動的な取り組み、ありがとうございました。

一度背伸びをしてリラックスしましょう。視線を遠くに向けてボーッとするなどして、一度その「エクセル１」から離れましょう。コーヒーを飲んで一服したり、トイレに行くなどしてその場から離れてもらっても結構です。

そうやって少し間をおいたあとで、先ほど向き合った「エクセル１」を改めて見てください。何か、心境の変化を感じられるでしょうか。

もし、改めて見た時に、
「当初のような感情の変化を感じなくなった」
「なんとも思わなくなったかも」
「ずっと見ていても精神的に落ち着いたままだ」
といった状態なのだとしたら、このワークが成功したことになります。

では、右半分を埋めていきましょう。

１行・３列目のフレームに緑ペンで「その人の長所は？」と書いてください。３分ほど時間をはかって、先ほどと同じように今回選んだ苦手な人の長所を青ペンで書き出していってください。

図 21　再びその人の長所を書き出す

左半分を見つめ、時間をおいてからその人の長所を書き出す

20XX.4.XX なぜ苦手?	怖い	その人の長所は?	仕事面ではロールモデルになる
空気を読まない	話しかけにくい	冷静にものごとを判断できる	距離のとり方がうまい
本心がわからない	ちょっとした自慢も多い	分け隔てなく対応できる	ある意味純粋
冷徹	心の中で見下されてそう	はっきりとものが言える	なんだかんだ人望はある
こちらの本心を打ち明けられない	冷たい態度が多い	自信がある	
社内政治がうますぎる	自分とはタイプが違う	曖昧な行き違いがない	
ときおり口が悪い	周りが見えなくなる時がある	目標・ゴールはわかりやすい	
できない人の気持ちがわからない	社内の人を見下している	成果をだすために見習うべき点は多い	

図19の時よりも多く書き出していればOK!

（3分程度、実際に書き出してから以降を読み進めてください）

いかがだったでしょうか。

もし、1回目に書き出した時に比べて長所の数が増えたというのであれば、このワークを通じて設計した意図にうまく乗れたことになります。無事に体験できたでしょうか。

▼長所を見出し、まず信頼してみる

私は以前、ストレスで心身ともに調子を崩した体験をしてから、心理療法について集中的に学んでいた時期がありました。それこそ、「一日教養、一日休養」の「一日」を心理療法の学習にあてていたのです。

一生ものの知見をたくさん学ぶことができたのですが、今回の文脈に即して1つだけ紹介します。ヒトコトで言うと、

「ネガティブな感情は、能動的に向き合い続けると次第に消えていく」

というものです。逆に、

「ネガティブな感情は、向き合わずに逃げていると、いつまでもつきまとう」

とも言えます。

我々は、短所が目立つ、苦手で嫌いな人であっても、一緒に仕事をしていかなければなりません。そんな相手にも長所を見出し、なんとか前向きに付き合っていかなければならないのであれば、相手の短所、苦手な部分、嫌いな要素とまずは能動的に向き合う必要があるのです。

このこと自体は非常にしんどいプロセスなのですが、それでも1回あたりほんの数分です。なんとか数分間、自らの意志で向き合いさえすれば、次第にネガティブな感情が消えていきます。1回で消せない場合も、何回か能動的に取り組めば、徐々に薄めていくことは十分可能です。

そうしてネガティブな感情が薄まった状態で長所を書き出してみると、確実に1つ2つと、新たな長所を見出せるようになってきます。

そこにフォーカスをあて、その長所を活かすように相手と関わっていければ、ますますストレスを感じることも減っていくでしょう。もっと関わっていこうというさらなる能動的な意志もうまれてくるでしょう。

上司の立場であれば、「任せてみよう」という決断ができ、部下の立場としても、「この上司についていこう」と「信頼」できるのではないでしょうか。

いま、「任せる」「信頼する」というフレーズをだしましたので、このテーマに関する松下幸之助の言葉を紹介しておきます。

少し長いですが、ここまでの内容を踏まえてじっくり味わってみてください。


今日まで、いろいろな人とともに仕事をし、さまざまな方々とご縁をもってきました。そして、今、この時点でしみじみと感じるのは、やはり人間というものは、大きく見ればすばらしいもので、信頼すれば、必ずそれにこたえてくれるものだということです。また、信頼しあうことによってお互いの生活に物心両面の利がもたらされ、人間関係もよりスムーズになるということです。

自分の身内三人だけで電気器具の製造を始めてまもないころ、こんなことがありました。仕事が三人だけではどうしても追いつかないほど忙しくなったので、初めて四、五人の人に働いてもらうことにしたのです。ところが一つの問題が起こりました。それはどういうことかというと、そのときつくっていたソケットなどの製品には、アスファルトとか石綿、石粉などを混ぜあわせてつくる、いわゆる煉物《ねりもの》というものを材料として使っていたのですが、この煉物の製法を教えるべきかどうか、という問題が出てきたのです。というのは、当時この煉物というのはまだつくられたばかりで、どの工場でもその製法を秘密にしていました。兄弟とか親戚《しんせき》など、限られた身内の者だけにその製法を教えて、その人たちが作業にあたるという姿が一般的だったのです。

しかし、そのとき、私は考えました。もし、他の工場のように製法を秘密にすれば、作業が身内の者しかできないだけではなく、その仕事場を他の従業員に見せないようにしなければならない。これはまことにめんどうで能率も悪い。それ以上に、自分の工場で働いてくれるいわば仲間に対し、そのような態度をとってよいものだろうか。そこで結局、雇い入れた人にも適宜製法を教えて、その製造を担当してもらうことにしたのです。

このようなやり方について、ある同業者の方が、「製法が外に漏れる危険があり、同業者が増えることにもなりかねない。それはぼくたちにとっても、君自身にとっても、損になるのではないか」と忠告してくれました。しかし、その忠告は忠告としてありがたく受けましたが、その仕事が秘密の大切な仕事であることを話して依頼しておけば、人はむやみに裏切ったりするものではなかろうというのが、そのときの私の考えでした。

その結果は、幸いにして、製法を外に漏らす人もいませんでしたし、何よりも、重要なことを任されたことで、従業員が意欲をもって仕事に取り組むようになり、工場全体の雰囲気ものびのびと明るくなって、仕事の成果があがるという好ましい結果が生まれてきたのです。

その後も、できるかぎり従業員を信頼し、思いきって仕事を任せるようにしてきました。たとえば、二十歳を過ぎたばかりの若い社員に、新たに設ける金沢の出張所開設の仕事を任せたり、これはと思う人に製品の開発を任せたりしてきました。そして、それらの人たちはおおむね期待以上の成果をあげてくれたように思うのです。

（中略）

大切なのは、やはりまず信頼するということ。信頼することによってだまされるとか、それで損をするということも、ときにはあるかもしれません。かりにそういうことがあったとしても、信頼してだまされるのならば自分としてはそれでも本望だ、というくらいに徹底できれば、案外人はだまさないものだと思います。自分を信じてくれる人をだますということは、人間の良心が許さないのでしょう。

〝人間というものは信頼に値するもの〟、そういってよいのではないかと思うのです。

『人生心得帖』

信頼関係なき働き方ほど、非能率的かつ非生産的なものはありません。

何より、苦痛となる時間を職場で延々と過ごすなんていう不幸な事態に陥らないよう、人の長所にフォーカスし、人を信頼する。そのための「紙1枚」実践法を、ここまで紹介してきました。

今回はワークの効果を実感しやすいようにという観点で、ギリギリ取り組めそうな3番目くらいに苦手な人でやってみました。

今後の実践については、ぜひ色々と対象を変えてやってみてください。

いずれにせよ、実際にやってみないことには、絶対にその効果を体感できません。他のものに比べ少しハードルは高くなってしまうと思いますが、第1章・第2章と積み上げてきたあなたであれば大丈夫です。ぜひチャレンジしてみてください。

衆知を集める

▼自分1人では何事にも限界がある

人の短所や苦手な部分より、長所にフォーカスできるようになる。

自分にたいしてだけでなく、他者にたいしても「ポジティブ・フォーカス」ができるようになってはじめて、これから紹介する名言が実践しやすくなってきます。

衆知を集める

これはいったいどういう意味なのか。まずは、以下の言葉を読んでみましょう。

衆知を集めた全員経営——これは私が経営者として終始一貫心がけ、実行してきたことである。全員の知恵が経営の上により多く生かされれば生かされるほど、その会社は発展するといえる。

私が、衆知を集めるということを考えたのは、一つには、自分自身があまり学問、知識というものをもっていなかったから、いきおい何をするにも皆に相談し、皆の知恵を集めてやっていくことになった面もある。いわば必要に迫られてやったことだといえなくもない。

しかし私は、いかに学問、知識があり、すぐれた手腕をもった人であっても、この〝衆知を集める〟ということはきわめて大切だと考えている。それなしには真の成功はあり得ないであろう。

というのは、いかにすぐれた人といえども、人間である以上、神のごとく全知全能というわけにはいかない。その知恵にはおのずと限りがある。その限りある自分の知恵だけで仕事をしていこうとすれば、いろいろと考えの及ばない点、かたよった点も出てきて、往々にしてそれが失敗に結びついてくる。やはり「三人寄れば文殊の知恵」という言葉もあるように、多くの人の知恵を集めてやるに如《し》くはないのである。

『実践経営哲学』

ただ「人の話を聞こう」というだけでは、おそらくまったく響かない人が大半でしょう。

しかし、ここでも「人間である以上、神のごとく全知全能というわけにはいかない」という天地自然の理、すなわち「当たり前のことから出発しよう」というフィルターをかけることで、多くの読者がハッとさせられたのではないでしょうか。

本書の第1章・第2章では、人に左右されないレベルの話に絞って扱ってきました。自分でコントロールできるテーマだからこそ、実践しやすい、長く続けやすいというメリットがあります。

ただ、すべては陰陽両面をもつものです。

自己完結できる反面、1人で考えるだけではどうしても限界があります。

第2章の中で、仕事上の問題について「どうやって解決する？」というテーマを扱ったと思います。覚えているでしょうか。

あの時、対策案を大して書き出せなかった場合は、本などでインプットするなり、人に相談するなりしましょうということを書きました。

特に後者の「人に相談する」の部分が、「衆知を集める」に該当するわけですが、今回はこのテーマをさらに拡大させていきましょう。

「衆知を集める」の実践①

他の人に「エクセル1」を書いてもらう

たとえば、あなたが仮に10人のメンバーを束ねる課長として、「職場の残業を減らしたい」と考えていたとしましょう。

ところが、課長個人のレベルで「エクセル1」を書いて思考整理してみても、いまいちよい案が浮かばない。こんな時、第2章で扱ったように本に頼っても人に相談してもよいのですが……。

どうせ相談するなら、まさに残業で苦労している当事者、すなわち職場のメンバーに直接聞いてみましょう。

この時、「どうせうちのメンバーに聞いても……」という考えがすぐに浮かんでくるようであれば、それはまだまだ課員の長所にフォーカスできていないということになってしまいます。

それでは「信頼」して「任せる」こともできず、結局は自身で抱えて疲弊するばかりです。ぜひ、ここまでに紹介した「紙1枚」を実践し、そのステージをクリアしていってください。

さて、課長であるあなたは打ち合わせを開催し、10人のメンバー全員に会議室に集まってもらいました。普段のあなたなら、このシチュエーションでいったいどのように打ち合わせを進めていきますか。ここから先を読み進める前に、少し考えてみてください。

（ひとしきり、自分ならどうするか考えてから以降を読み進めてください）

いかがだったでしょうか。

ありがちとはいえ、最悪のパターンはいきなりこう聞くことです。

「じゃあ誰か、とりあえず思いつくことを言ってみて」

多くの会議や打ち合わせは、この第一声で場が沈黙するでしょう。気まずい雰囲気が流れ、当初は何か話そうと思っていた人も、さらに声をだしづらい雰囲気ができあがってしまいます。

これでは「衆知を集める」からは程遠い状況です。

「衆知を集める」第一歩は、参加者全員が発言しやすい場づくりです。

では、どうすれば発言しやすい場をつくっていけるかというと、ポイントは3つです。

1. いきなり発言させない

2. 単独で発言させない

3. 一部の声の大きな人だけに発言させない

この3つを踏まえて、これから「1枚」会議術のやり方を紹介します。

まずは打ち合わせの目的、ここでは「課全体の残業を削減するために集まってもらった」ということを説明しましょう。そのあと、5分くらい時間をとって、

参加メンバー全員に「エクセル1」を書かせる

というステップを踏んでいきます。コピー用紙を配り、それを半分に折ってA5サイズにする。そしてフレーム数16の「エクセル1」の書き方を、全員に教えてください。

ここまで繰り返し書いてきたあなたなら、もう十分説明できるはずです。

ちなみに、最近は紙に書く習慣をもつビジネスパーソン自体が減ってきているため、参加者全員が緑・青・赤のカラーペンをもっていることは想定しません。経費で全員分のカラーペンを買ってもらうか、難しければ黒ペンで代用してもらってもかまいません。

テーマは、「どうやって残業を減らすか?」としてください。

そしてまずは3分間、キーワードだしの時間をとりましょう。それが終わったら、質問を3つほど提示して、丸、三角、四角で囲むプロセスをリードしてください。

1つ目の質問：（できるかどうかは度外視して）やったら効果的なものは?
2つ目の質問：取り組みやすいもの、カンタンに実行できそうなものは?
3つ目の質問：自分だけでなく職場での賛同が得られやすいものは?

すべてのテーマに必ず同じ質問を使う必要はないため、3つ目の質問は第2章のものから変えてみました。今回は、「有効性」「実現性」「汎用性」という3つの観点で優先順位をあぶり出したわけです。

他にも、「職場の風土に沿ったものは?」とすれば「親和性」ですし、「コストがかからないものは？」なら「経済性」の観点となります。

このように、質問になる切り口は他にいくらでもありえます。何度も書きながら、自分なりの質問セットをつくっていってください。


ちなみに、こう書くと必ず「どうすれば切り口のストックが増やせますか？」と聞かれますが、答えはいつも同じです。

本当は自力で考えられるようになってほしいのですが、要するに「どんな切り口があるか？」というテーマで、「エクセル1」を追加で書いてみればいいのです。

まずは、本書で紹介してきた観点をそのまま書き出して、以降の空欄には自分なりに思いつくものを追加していってください。もし埋められなければ、第2章の「紙1枚」学習法に戻るだけです。

どんな時も、わからなくなったらアタマの中だけで解決しようとしないこと。

書き出して、目に見えるカタチ＝「紙1枚」にしてリカバリーする習慣をつけていきましょう。

「衆知を集める」の実践②

「エクセル１」を持ち寄り、話し合いをする

では、「１枚」会議術の説明を再開します。ここまでで最初のポイント「いきなり発言させない」はクリアできたことになります。

なぜ意見がでないのかと言えば、理由はいたって単純で、「テーマについて事前に大して考えていないから」です。

「そんなことは会議前にやってきて当然だ」と言いたい人も多いとは思います。ただ、他の業務も抱え日々忙しくしているメンバーのことを考えれば、なかなか事前に考えをまとめる時間がとれないケースも多い。それが実態ではないでしょうか。

だからこそ、会議の冒頭でその時間をとってしまうのです。といっても、５分から10分程度の話ですから、十分現実的なプロセスとして提案しているつもりです。

さて、各メンバーの「エクセル１」が完成したらどうするのか。この段階で、１人ひとり発表してもらおうと考える人もいるかもしれませんが、まだ早いです。

２つ目のポイント「単独で発言させない」で挙げた通り、日本人の多くは個別に意見を

発表することが苦手なのです。そこで、もう1クッション挟みましょう。

10人のメンバーを、5人ずつの2グループに分けます（3グループでもOKです）。

そして、各グループで書記を1人決めます。続いて、10分ほど時間をとって各メンバーに、自分なりにまとめた「3大残業削減案」を発表してもらいましょう。書記の人には、あらかじめフレーム数16の「エクセル1」をもう1枚用意しておくように伝えてください。そうすれば、あとは各メンバーの発言をメモっていくだけでOKです。

各メンバーの発表を聞いていると、多くの場合同じような対策案がでてきます。それだけ多くの課員が、共通して「この対策をやるべきだ」と考えている案ですから、当然その対策の優先順位は高くなります。

つまり、このプロセスについては、ただ5人の発表を聞いて書き出すだけで、グループとしての「3大残業削減案」が決まってしまう。そんなケースも実際にはよくあるのです。もちろん、それで決まらなかった場合は、基本に戻って「質問を重ねる」というやり方で絞り込みをしてください。

この「グループでまとめる」というステップを踏むことによって、いきなり単独で発言する必要がなくなります。結果、人前で話すことが苦手な人でも発言しやすくなりますし、普段だったらハラの中に抱えたまま黙っているだけという参加者からも、無理なく意見を引き出すことができます。

5人だと多いと感じる場合は、さらに1グループあたりの人数を減らしてもらってもかまいません。状況に合わせ、実施しやすくなるよう柔軟に調整してください。

「衆知を集める」の実践③

全体発表で自然と「結論」がでる

ここまでのステップを経て、ようやく全体発表の時間に移ります。

まだ会議時間は20分程度しか経過していませんので、十分効率的です。それにこの段階ですでに2グループで3個ずつ、合計6個の残業削減案に集約されています。したがって全体発表のプロセスでは、書記役をやった人にそれを発表してもらうだけでOKです。

そしてここでも、コツは「紙に書き出して見えるようにすること」です。といっても、A4の紙に書いたのでは他のメンバーには見えません。ここは別の手段を使いましょう。

「ホワイトボードの活用」です。

ホワイトボードに「エクセル1」を書き、各グループの「3大残業削減案」を書き出していけばいいのです。今回は合計で6個なので、フレーム数は8で十分でしょう。

そして、ここからが「1枚」会議術のハイライトなのですが、グループでの集約をやった時と同様、多くの場合、2グループで似たような対策案がでてきます。

そうやって2グループ目が、1グループ目と似たような対策案を言い放った瞬間、場の空気が変わります。一体感というか、「なるほど、自分たちはこれからこの対策をやっていくんだな」という合意がその場に形成されていきます。

「衆知」が、目に見えるカタチで結晶化された瞬間です。

ここまで、「個別→グループ別→全体」というステップで全員の意見を反映・集約してきたからこそ、こうした空気感の醸成が実現します。

10人のメンバーが一様に重要だと考えている対策であることが明らかなため、さらにディスカッションをするまでもなく、もう書き出した時点で「合意形成」ができてしまう。しかも時間は30分程度しかかかっていません。

逆に、こういったプロセスを経ずにいきなり発言を募ると、普段からよく発言する声の大きな人ばかりが、一方的に話す展開になりがちです。

課長であるあなたと、声の大きな人ばかりが会話をし、残りのメンバーはその姿を傍観するだけということになりかねません。これでは集まった意味がないですし、合意形成も難しくなるばかりです。だからといって、課長が一方的に結論をだして押し付けてしまったら、その対策は実施されない可能性が高いでしょう。

3つ目のポイントである「一部の声の大きな人だけに発言させない」ためにも、今回紹介したようなプロセスを踏んでみてください。

一部の「偏った知」ではなく、文字通り「衆知」を集めることができるようになります。

以上が、「1枚」会議術による「衆知を集める」の実践法です。これはほんの一例であり、実際にはさまざまなバリエーションが考えられます。

たとえば、打ち合わせの参加人数が5名以下ということであれば、グループ別のプロセスは省いてしまっても問題ないでしょう。

逆に、参加者が100名を超えるような大きな会議の場合、グループ別のプロセスをもう何回かに分けて実施したほうがよいこともあるでしょう。ただ、それで時間がかかりすぎるということなら、個別の思考整理は事前課題にするといった調整も必要です。

今回の流れを例にして、あとは職場の状況に合わせて柔軟に応用していってください。

どこまでも
うるさいほどに
つきまといたい

▼お客様とどう関わるべきか？

ここまで、「周囲とのコミュニケーション」というテーマで、まずは「相手の長所をどうやって見るか」、続いて「衆知をどうやって集めるか」という話をしてきました。最後の３つ目は、ビジネスの根幹である「お客様との関わり方」をとりあげます。

まずは、非常に独特な表現となっている松下幸之助のこの名言を読んでみてください。

結婚シーズンともなれば、かわいいわが娘を嫁がせなければならない親御さんも少なくないことでしょう。とにかくすこやかに、幸せに育ってほしいと念じつつ、一心に手塩にかけてきたわが娘、その娘が立派に成人していま新しく自立の道への第一歩を踏み出す。そんな娘を眺めるとき、両親の胸のうちには、娘を手放す寂しさ、末長い幸せを祈る気持ち、縁あって新しい親戚を得た喜びなど、万感迫る思いとでもいったものが去来しているにちがいありません。

そして、嫁がせたあとは、今度はその嫁ぎ先のことがいろいろと気になります。

〝婚家のご家族に気に入られているだろうか〟〝元気に励んでいるだろうか〟といったことがいついつまでも案じられる。それが世の親の常というものでしょう。

私どもの商売についても、これと同じことがいえるのではないでしょうか。つまり、私どもが日々扱っている商品は、いうなれば長く手塩にかけたわが娘のようなものと考えられます。だから、商品をお客様にお買いいただくということは、自分の娘を嫁にやるのと同じことで、そのお得意様と自分の店とは、新しく親戚になったことになる。かわいい娘の嫁ぎ先がお得意様であるということになると思うのです。

そう考えますと、そのお得意様のこと、またお納めした商品の具合などが、おのずと気にかかってくるのではないでしょうか。

〝ご家族の方が気に入って使ってくださっているだろうか〟とか、〝故障していないだろうか〟とか、さらには〝近くまで来たついでに、ちょっとお寄りして様子を伺ってみよう〟というように、自分の娘の嫁ぎ先に対すると同じような感情が、自然に湧き出てくるといえましょう。

そういう思いで日々商売に取り組んでいくならば、お客様とのつながりにも、単なる商売を超えた、より深い信頼関係というものが生まれてきます。そうなればお客様にも喜ばれ、ひいてはそれがお店の繁栄にもつながってくると思うのです。

お互い、商品を自分の娘と考え、そこからお得意先をわが親戚、身内と感ずるまでの思いに立って、毎日の商売を営んでいるかどうか、あらためて考え直してみたいものです。


『商売心得帖』


一読して記憶に残りやすいユニークな内容だったと思います。

ただ、いつもつかみ続けてほしい本質は同じで、「自然の理法」からの出発です。このケースであれば、「娘の結婚にまつわる親の気持ち」という誰もが想像・共感しやすい例をまず挙げていく。そうやって「何が当たり前なのか」ということを確認した上で、それを商売にもあてはめてみる。すると、こういうことが自ずと言えるのではないかという具合に、話を組み立てているわけです。

メッセージ自体は、要するに「お客様とのつながりを大切にしよう」ということなのですが、できるだけ自明でシンプルな内容から常に出発しよう、解き明かそう、説明しようという思考回路が重要です。

難解な用語を振りかざしたり、知識の量をひけらかすような行為は、真に知的な態度ではないと思います。少なくとも、実践知でないことは明らかです。

あなたがもし、仕事に活かせる知見を得たいのであれば、松下幸之助のこうした知的姿勢自体について、今回の読書を通じてぜひインストールしていってください。

もう1つ、お客様、世間様との「無形の契約」という話を紹介します。

どうしたら売れ残りもなく、かといって品物が足りないということもない、適切な生産販売ができるのでしょうか。これはまことにむずかしい問題だと思いますが、私は、こういう考え方はできないかと思うのです。

それは、なるほど、予約注文もいただいていないし、何ら契約書もつくっていないけれども、自分のところの品物を買ってくださる世間の人々とのあいだには、一つの契約がある、それは見えざる契約、無形の契約であるということです。世間の人々は、いつでも自由に自社の品物が買えるという前提に立っておられる、そういう求めというか需要というものを、いわば無形の契約と解釈する、そしていつでもご希望に応じた供給をするという、生産者、販売業者としての義務感をもつということです。

ですから、たとえば製造や販売を増やすとか、新しい設備や工場をつくる場合でも、ただ何がなしにやるというのではありません。何ら予約注文を受けたわけではないけれども、より多くの人々がこの品物を求めておられる、それをあたかも予約注文をいただき契約を結んだかのように解釈し、それを果たしていくのだ、という義務感に立脚して仕事をしていくということです。そういう解釈に徹するところに一つの信念が湧き、商売の上にも非常に力強いものが生まれてくると思うのです。

私自身は、終始一貫そのような考えをもち、自分なりに無形の契約というものを感知してやってきました。そしてそれによって、あるときは三千万円、あるいは五億円、さらに百億円、一千億円というように、商いが増えていく過程において、常にほとんど過不足なく供給の義務を果たすことができたのです。

『経営心得帖』

先ほどとは一転して、こちらはかなり大きな話となっています。

ここまでのスケール感の話を本書で扱うつもりはありません。

ひとまずは、お客様からの求め、すなわち需要があってこその仕事の判断なのだということ。そして、お客様からの求めというのは、「無形」とあるように目に見えないことも多いのだということ。

したがって、無形であるお客様からの求めを把握するためには、よほど意識的でなければならないのだということ。

以上、3つのポイントのみ理解してもらえれば十分です。その上で、「では、どうすれば無形の求めにたいして意識的になれるのか?」という点について、これから別の名言を引きながら解説をくわえていきます。

以下、このあとの「紙1枚」実践法で直接扱いたい言葉を紹介します。

こどもが親につきまとう。うるさいほどにつきまとう。ときに閉口するほどのことがあっても、それでも、つきまとわれればやっぱりかわいい。うれしい。

自分のつくった製品、自分の売った商品、自分のやった仕事。つくりっ放し、売りっ放し、やりっ放しでは心が残る。世間にもまた仕事にも相すまない。おたがいに、つくることに真剣で、売ることに誠実で、そして仕事に真実熱心ならば、その製品、その商品、その仕事のゆくえをしっかり見定めたい。

見定めるだけでなく、どこまでも、いつまでも、それについてまわりたい。台所にはいれば台所へ、座敷に上がれば座敷へ、外国へ行けば外国までも、どこまででもうるさいほどにつきまといたい。使い具合はどうですか、調子はどうでしょう、ご不便はございませんか、故障はありませんか。ときに閉口されるほどであっても、仕事の成果を案ずるその真剣さ、誠意はうれしい。ありがたい。

こんな心がけで、おたがいにつくりたい。売りたい。そして懸命に仕事をしたい。

『道をひらく』

内容の解説に入る前に、少しだけ余談をさせてください。

この「つきまとう」の話は、非常に不思議な経緯で、ここに掲載されました。

実は、本書の原稿があらかたできあがりつつある中で、一部すっぽりと空いていたのが、いま読んでもらっているこの辺りの内容でした。

「どう書いたらいいのか」「どの名言を出発点にしようか」とあれこれ思案しつつも、なかなか見えてこない状況が続いていました。

そこで気分転換を兼ねて、東京・新宿にある紀伊國屋書店を訪れました。この時期、外出する時は必ずといっていいほどオーディオブック版の『道をひらく』を聞きながら歩いていたため、書店に入ってからもずっと音声を流しながらウロウロしていました。

3階のビジネス書コーナーで何かよい本がないかとあれこれ立ち読みしていると、書籍版の『道をひらく』が視界に入ってきました。

そこで、本を手に取って適当に開いてみると……。

ある項目のページタイトルが目に飛び込んできました。

そしてその瞬間、今度はオーディオブックの音声からも、ページタイトルとまったく同じ音声が聞こえてきたのです。

その言葉こそが、「つきまとう」。

たまたまその時間、その場所で、偶然開いたページと聞こえてきた音声が一致してしまう。本当に奇跡的な瞬間でした。

「この偶然の一致には、よほどの意味があるのだろう」

そう思った瞬間、あっさりと答えがでました。

本書の空白を埋めるのに必要な言葉が、まさにこの「つきまとう」だったのです。まるで目に見えない何かから、書籍の完成を後押しされているような不思議な流れを経て、このパートは完成しました。

「つきまとう」の実践①

お客様の「名前」を書き出す

さて、「つきまとう」です。

つきまとうほどにお客様に関心を寄せ、お客様の声を聞き、お客様の求めに応えていく。言い換えるなら、要するに「お客様第一」ということです。ただそう書いてしまうと途端に、なんの響きも気づきもうまない陳腐なメッセージへと変質してしまいます。

「いまさらそんなことを言われても……」という読者が大半なのではないでしょうか。そんな方にこそ、これから紹介する「紙1枚」をしっかり書いてほしいと思います。

ではさっそく、緑ペンでフレーム数32の「エクセル1」を書いてください。

テーマは、「あなたのお客様は?」です。日付とテーマを入れたら、青ペンであなたのお客様の名前を書き出していってください。時間は、3分もあれば十分でしょう。

お客様が31人以上いるという場合は、とりあえず全フレーム分埋まったら終了ということでかまいません。一方、31人もお客様がいないということであれば、全員分が書けた時点で、たとえ空欄が残っていても、時間が余っていても終了してしまって大丈夫です。

（3分程度、実際に書き出してから以降を読み進めてください）

続いて赤ペンのプロセスに入りたいのですが、その前に。

1つ、気づきを促す大切な質問をさせてください。

「すべてのお客様の名前、フルネームを漢字で正確に書けますか？」

いま青ペンで書き出した名前は、短時間だったため雑に書かれていると思います。名字だけだったりカタカナだったりと、正確な氏名の表記にはなっていないはずです。

いまから時間を5分ほど追加で確保し、1人ひとりの名前について、丁寧に、正確に赤ペンで書き直していってください（上書きしてもらえればOKです）。

一方、正確な名前や漢字がわからない人については、バツ印をつけてください。では、

図 22　お客様の名前を書き出す

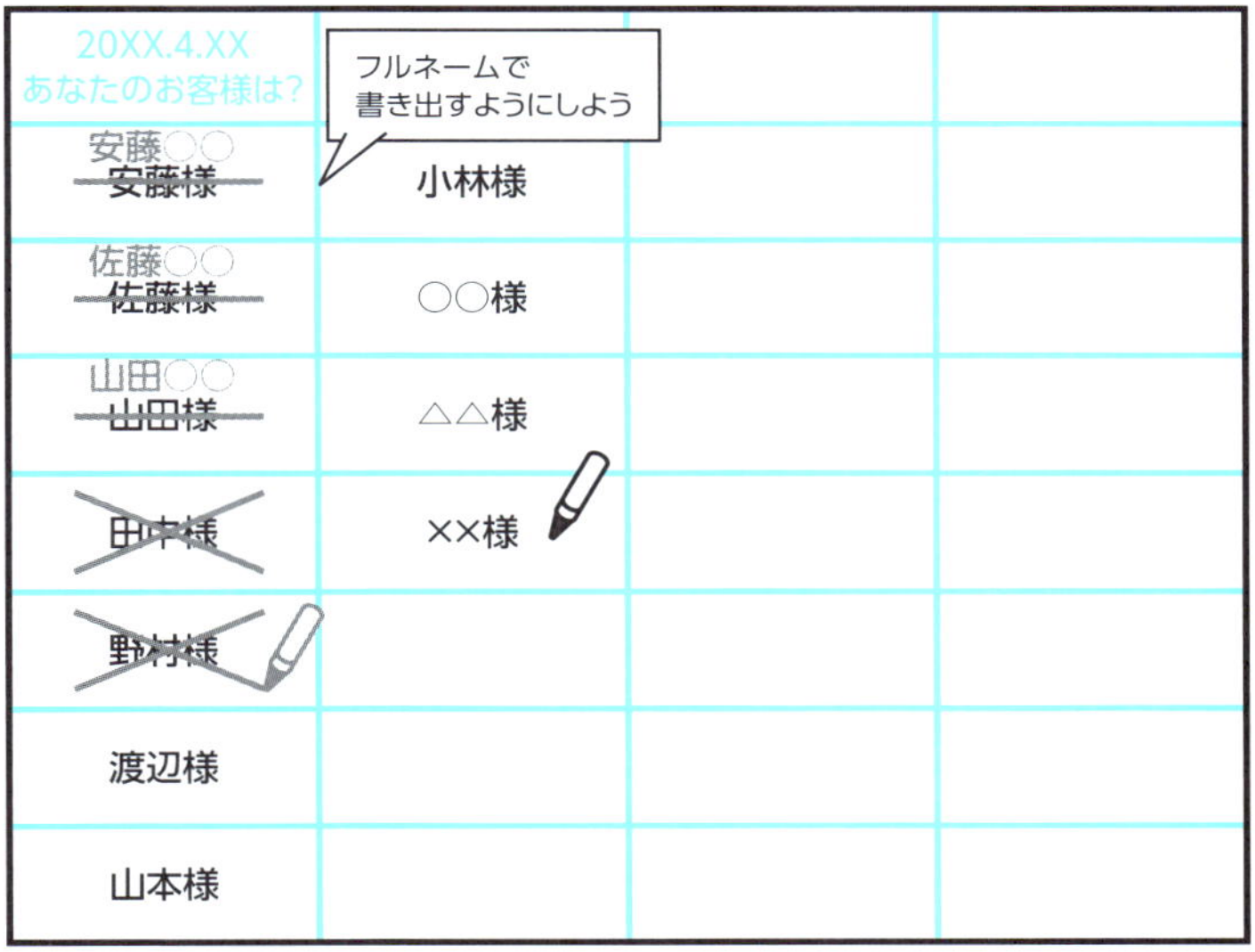
20XX.4.XX
あなたのお客様は?
フルネームで書き出すようにしよう
安藤〇〇
安藤様
小林様
佐藤〇〇
佐藤様
〇〇様
山田〇〇
山田様
△△様
田中様
××様
野村様
渡辺様
山本様

どうぞ。

（5分程度、実際に書き出したりバツ印をつけたりしてから以降を読み進めてください）

ひとくちに「お客様を大切にする」といっても、細かく捉えれば色々な段階があります。

ただ、本書で何度も登場している考え方、すなわち「いつも当たり前＝なるべく根本的なところから出発する」のであれば、やはり「大切な人の名前は正確に覚えているのが自然」なのではないでしょうか。

だからこそ、「お客様を大切にする」の実践ステップその1も、やはり「お客様の名前を正確に書けること」からスタートしてみたいのです。

やってみていかがだったでしょうか。

個人差はあるでしょうが、全員正確に書けたという人はほとんどいないはずです。

一方、書けたという人は、いまの私の言葉を見てこう思ったはずです。「ほとんどいないはずって、こんな基本的なことすらできていない人が多数派なのか」と。

実際そうなのです。

仕事ができる・できないの差というのは、こうした基本的なことがどれだけ当たり前にできているかどうかだけで、実はほとんど勝負がついてしまいます。

だからこそ、うまく書けなかった人ほど、このワークを決していい加減に扱わないでほしいのです。書けなかった事実を直視し、この機会にお客様との関わり方を振り返ってみてください。よい気づきの機会が得られるはずです。

「つきまとう」の実践②
お客様に関心をもつ

さて、どうやって振り返るか。

もう「1枚」書いてみましょう。

フレーム数32の「エクセル1」を作成し、テーマのところに、先ほど正確に名前を書けなかったお客様を1人ピックアップし、その名前を書いてください。

仮にAさんだとしたら、「Aさんとは?」と書いてください。

あとは、Aさんに関するあらゆるキーワードを、思いつく限り書き出してみてください。

年齢、出身地、家族構成、性格、誕生日、趣味等々、埋めるフレームはたっぷりあります。

些細な情報もどんどん書き込んでいってください。

時間は3分程度でお願いします。ではどうぞ。


(3分程度、実際に書き出してから以降を読み進めてください)

図23　Aさんとは？

20XX.4.XX Aさんとは?	3月生まれ	旅行が好き	
35歳	アウトドアが趣味	大学は京都	
神奈川県出身	ボーリングが好き	元テニス部	
地元は横浜	仕事は真面目	英語話せる	
お兄さんがいる	飲み会が好き	意外とスポーツマン	
おおらか	本が好き	部下は2人	
優しい	メガネにこだわり	メールの返信早い	
時に毒舌	子どもがいる		

埋められた枠の数
=Aさんへの関心

たくさん書けましたか。

もし、半分も埋まらなかったということなのであれば、それが「お客様を大切にする」の実践ステップその2です。

すなわち、もっと空欄にサクサク情報を書き込んでいけるくらい「お客様に関心をもつ」ということです。もしお客様に関心をもっているのであれば、しっかりコミュニケーションをとっているのであれば、30個くらいカンタンに書けるでしょう。いや、書けて当然のはずです。

「フレーム数を64にしても足りない」というくらい書く言葉が浮かん

でくるのであれば、十分に「お客様に関心をもてている」と言えるのではないでしょうか。

明日以降、いま書いた「エクセル1」の空白をすべて埋めるつもりで、お客様とコミュニケーションしてください。ただ漫然と相手に関わるのではなく、アタマの中にこの「紙1枚」を浮かべ、「何か新しい情報を埋められないかな」と思いながら話すのです。

傍《はた》から見ると、いままでとは何も変わらないように見えるのですが、やっている本人は、まったく異なる手応えを得られるはずです。

「〝お客様に関心をもつ〟を実践するとはこういうことなのか！」という実感を、うまれてはじめてつかめたという受講者もいるくらいです。

そして、何度か相手と会って色々な話をしたあとで、改めて同じテーマで「エクセル1」を書いてみてください。当初より数が増やせるはずです。

「お客様に関心をもつ」という心構えを、「紙1枚」書くことによって目に見える具体的なアクションとして扱っていきましょう。

「つきまとう」の実践③

お客様の困っていることを見つける

　ここまでのプロセスを経て、ようやく実践ステップその3です。お客様に関心をもつといった時、最終的にたどり着かなければならないのは、「お客様が何に困っているか」「何を望んでいるか」という部分です。

　なぜか、はもうわかりますよね。

　すべては「生成発展への貢献のために」です。

　お客様の問題解決、願望実現、成長・発展につながるような働きかけをしていくために、この章の「紙1枚」に取り組んでいるんだということを再確認してください。

　それでは、「Aさんの困りごととは？」というテーマで、フレーム数64の「エクセル1」を書いてみてください。

　書き間違いではなく、大真面目にフレーム数64での作成をお願いしています。

　いまから10分程度の時間を確保し、「Aさんの困りごと」を最大63個書き出してみてほ

図24　Aさんの困りごととは?

20XX.4.XX Aさんの困りごととは?	部下を育てたい	……	……	……	……	……	……
人手が足りない	出世したい	……	……	……	……	……	……
時間がない	学び直したい	……	……	……	……	……	……
子どもと遊びたい	旅行に行きたい	……	……	……	……	……	……
もっと運動したい	○○	……	……	……	……	……	××
お酒が飲みたい	△△	……	……	……	……	……	△△
本を買いたい	××	……	……	……			○○
メガネがほしい	……	……	……	……	……	……	早起きしたい

今回は63フレームすべて埋めてみよう!


しいのです。

どんなに延長しても15分まで。それ以上はおそらく集中力が続かないと思いますので、時間が来たらストップするようにしてください。

(10分程度、実際に書き出してから以降を読み進めてください)

これだけフレーム数が多いと、本当に些細なこと、似たようなこともたくさん書くようになってきます。自分の仕事内容ではどうしようもないこともでてくるでしょう。

それでもたくさん書いてほしいし、

そこにこそポイントがあります。

小さなこと、本人しかわかっていないようなこと、場合によっては本人もわかっていないような繊細な困りごとまでを、もしあなたが把握できたとしたら。

それはそのお客様にとって、あなたが欠くことのできない貴重な存在になっているということです。

だからこそ、「こんなにたくさん無理だ」とあきらめず、これくらいは埋められるようになるんだというつもりで、お客様に「つきまとう」をやってほしいのです。

全然埋められないということであれば、さっそくそのお客様にアポを取りましょう。直接会って、何に困っているか聞きましょう。ダイレクトに聞けないなら、まずは実践②「お客様に関心をもつ」に戻って雑談レベルからでもかまいません。

実践②の段階で相手の詳細情報がアタマに入っていなければ、細かいレベルの困りごとやその背後にある真意にもアクセスできません。

以上、「紙1枚」を使って、なるべく本質的なところからお客様との関わり方を改善していく方法について、提案してみました。

相変わらずテクニックレベルでは拍子抜けするほどシンプルですが、背景にはここまで紹介してきた数々の名言があります。根底に流れるシンプルかつ深遠な世界観があります。それらをベースにして実践するからこそ、たとえシンプルな動作であっても、そこから得られる学びが有意義なものになっていくのです。

受講者の方々によく話すたとえ話があります。

草野球の選手であっても、プロ野球選手であっても、「ボールを投げる」「バットを振る」など、大きく捉えればやることに大差はありません。

それでもまったく質や結果が異なってくるのは、そこにどんな文脈を見出せているのか、どれだけ深い世界観にアクセスしてやっているのかというところに差があるのではないでしょうか。

松下幸之助というフィルターを通すことで、カンタンなアクションをバカにするのではなく、その背景に大きな価値や意義を見出せるビジネスパーソンになっていってください。

王様の立腹を
覚悟の上で
苦言を呈さねば
ならない

▼「譲れないもの」をもつことも必要

最後に、今回はコツではなくバランスをとる話をして、この章をしめます。

まずは、以下の言葉を読んでみてください。

今から二十二年前（昭和二十六年）、私が初めてヨーロッパへ行ったときのことです。ある大きな会社の社長さんからこんな話を聞きました。

「松下さん、私は、消費者というものは王様であり、われわれの会社はその王様に仕える家来だと考えています。だからわれわれは、王様である消費者が言われることは、たとえどんな無理でも聞かなければならない。それがわれわれの務めである。そういう方針で仕事をしているのです」

〝消費者は王様〟という言葉は今でこそわが国でもよくいわれますが、なにしろ二十二年も前のことです。私の耳には非常に新鮮に響きました。〝なるほど、確かにそのとおりだ。非常に徹した考え方だな〟と感心しました。

しかし、それと同時に、私はつぎのように考えました。昔から王様が家臣や領民のことを考えないと、家臣や領民は喜んで働く意欲を失ったり、ときには窮乏に瀕《ひん》したりする。その結果、国も困窮してしまった例も少なくない。結局、王様がほしいままに行動すれば、やがては王様自身が困るということにもなります。

だから王様の言われることを、何でもご無理ごもっともと聞くことも一つの忠義の表われかもしれないが、真の家臣であるならば、王様が間違ったことをしないように、ときには忠言しつつ忠勤を励まなければならない。そのためには、王様の立腹を覚悟の上で苦言を呈さねばならないこともあると思います。そのように王様に思いやりある名君になってもらうよう努めてこそ、ほんとうに王様のためを思う忠臣であり領民だといえると思います。

最近は、特に消費者としての立場がますます重視されるようになってきて、まことに好ましいことだと思いますが、それだけに、ここでいま一度、〝消費者は王様である〟ということのほんとうの意味を味わってみたいと思います。そして、ともどもに名君となり忠臣となって、国家社会の真の繁栄をはかっていきたいものだと、そう思うのです。

冒頭で、「バランスをとる話をしたい」と書きました。いったい何を危惧しているのか。

もし、先ほどの話までで第3章を終えてしまうと、極端にふれてしまう人が現れかねないのです。

「お客様は神様だ」という金科玉条《きんかぎょくじょう》のもと、「滅私奉公《めっしほうこう》」「自己犠牲」「服属・隷従」とでも言いたくなるような、過剰な御用聞きには決してなってほしくない。我々はお客様という王様の「奴隷」ではありません。

「忠臣」なのです。

「奴隷」が「単なるイエスマン」なのにたいして、「忠臣」は王様に苦言も呈します。

「忠臣」という言葉を用いることで、見事にこの微妙なニュアンスを表現していると思うのですが、いかがでしょうか。

通常、「お客様の奴隷になってはいけない」という言い回しは、広く流布《るふ》しているものだと思います。

一方、「では、どうするのか?」という返しにたいする答えは、あまり聞きなじみのあるカタチでは広まっていません。

また、昨今はモンスターカスタマーといった言葉が一般化したように、悪質なクレーマーや非常識な言動をするお客様が増えてきています。

いったいなぜ、このようなお客様が増えたのかという問いについても、今回の名言がそのヒントを与えてくれます。

お客様という「王様」がモンスター化したのは、「忠臣」として接していない企業側の「奴隷」的姿勢に問題があるからなのではないか。

このように捉えてみると、一般論からは見えてこないような新鮮な気づきが得られるはずです。それが正しいかどうかはケースバイケースだと思いますが、少なくとも「忠臣」というキーワードを知らなければ、このような発想自体ができないでしょう。

くわえて、この話は序章で紹介したビジネス書のトレンドともつながります。

読者という「王様」の要求にたいして、「奴隷」のように従った結果が、「図解・ストーリー・マンガでわかる系」ビジネス書の乱発です。

本当に王様のためを思うなら、煙たがられてでも「行動ファースト」の重要性を進言し続けるべきです。少なくとも私は、読者にとってのよき「忠臣」となるべく、これまでも、そしてこれからも著作活動を行っていきます。

さて、もう1つ、「値引きというお客様の声」に関する言葉を紹介します。

商売を成功させるためには、説得力をもつことが非常に大事だと思います。よその店では一割五分引いて売っているじゃないか。君のところの品物は高いな。よその店では一割五分引いて売っているじゃないか。君のところは一割しか引かないのはけしからん」と言われたときにどうするかということです。一割五分も引いたならば、お店が成り立たない。成り立たないことはやってはならないわけで、だからといって、ただ「それはできません」と言ったのでは、お客様は別のお店へ行ってしまいます。

ですから、何としても、その人を説得しなくてはならないと思います。「この値段は店を維持していくための最低の値段であって、これ以上引けば自分のほうは赤字になる、いわば血が流れるのです。だからこの値段で買ってください。そのかわりサービスその他は完全にいたします」、そういう意味のことを自分の持ち味で、上手に説得できるかどうかということです。

（中略）

自分の持ち味で説得したならば、私は十人のうち九人までは共鳴してくれると思うのです。それが世間というものではないでしょうか。

ですから、かりに、そういう説得ができない、お客様を共鳴させることができない、というのであれば、やや厳しい見方をすると、これは商売に適格性を欠いているともいえましょう。それでは、自分も困るし、人にも迷惑をかける結果になりかねません。

今日は、そういう厳しいところまで自分を見つめる時期に来ているのではないかと思うのです。

『経営心得帖』

ただお客様の声を聞いてそれに応えていくのではなく、こうした力強さも時には必要なわけです。では、いったいどうすれば、自身の働き方にこうした一本通った軸のようなものを形成できるのか。

価格の話に絞るとわかりやすくなる反面、限定的な内容になってしまいますので、もっと広くあてはまるキーワードを紹介します。

実をいえば、私自身事業を始めた当初から明確な経営理念をもって仕事をしてきたというわけではない。私の仕事はもともと家内と義弟の三人で、いわば食べんがために、ごくささやかな姿で始めたことでもあり、当初は経営理念というようなものについては、何らの考えもなかったといっていい。もちろん、商売をやる以上、それに成功するためにはどうしたらいいかをあれこれ考えるということは当然あった。ただそれは当時の世間の常識というか、商売の通念に従って、〝いいものをつくらなくてはいけない。勉強しなくてはいけない。得意先を大事にしなくてはいけない。仕入先にも感謝しなくてはならない〟というようなことを考え、それを懸命に行うという姿であった。

そういう姿で商売もある程度発展し、それにつれて人もだんだん多くなってきた。そして、そのときに、私は〝そういう通念的なことだけではいけないのではないか〟ということを考えるようになったのである。

つまり、そのように商売の通念、社会の常識に従って一生懸命努力することはそれはそれできわめて大切であり、立派なことではあるけれども、それだけではなく、何

のために この事業を行うかという、もっと高い〝生産者の使命〟というものがあるのではないかと考えたわけである。

そこで私なりに考えたその使命というものについて、従業員に発表し、以来、それを会社の経営基本方針として事業を営んできたのである。

それはまだ戦前の昭和七年のことであったけれども、そのように一つの経営理念というものを明確にもった結果、私自身、それ以前に比べて非常に信念的に強固なものができてきた。そして従業員に対しても、また得意先に対しても、言うべきことを言い、なすべきことをなすという力強い経営ができるようになった。また、従業員も私の発表を聞いて非常に感激し、いわば使命感に燃えて仕事に取り組むという姿が生まれてきた。一言にしていえば、経営に魂が入ったといってもいいような状態になったわけである。そして、それからは、われながら驚くほど事業は急速に発展したのである。

『実践経営哲学』

王様たるお客様の奴隷にならないためには、「譲れないもの」が必要となります。

その代表的なものの1つが、会社の経営理念です。

「理念をどうやってつくるか」といった話は、それだけで本1冊に収まらない内容、あるいは活字では表現不可能な領域の話になってしまいますので、ここでは「すでに会社の理念がある」という前提で話をしていきます。

理念に沿って働くからこそ、力強い判断が下せる。時にはお客様に「それは違うのではないか」と進言できる意志もうまれてくる。

その源泉、拠り所こそが理念であり、これがハラに落ちているかどうかが、お客様との関わり方のバランスをとる上で極めて重要になってくるのです。

▼「紙1枚」で会社の経営理念を身につける

それでは、第3章最後の「紙1枚」です。

フレーム数16の「エクセル1」を作成してください。

テーマはずばり、「あなたの会社の（組織の）理念は？」です。

あなたの会社の理念について、そのキーワードを3分程度で書き出していってください。

「理念は？」でピンとこなければ「社是は？」「綱領は？」「ビジョンは？」「ミッションは？」でもかまいません。

言い回しは色々ありえますが、ともかく会社が大切にしている価値観や考え方についてのキーワードを書き出していってください。


（3分程度、実際に書き出してから以降を読み進めてください）


無事に書けたでしょうか。

もしこれが書けなかったとしたら、まずは会社の理念をキーワード単位でよいので、しっかり書けるところからスタートしましょう。

ホームページ等で理念の全文を確認し、抜けているキーワードがあれば、空いたフレームに赤ペンで追記していきましょう。

そして、1日1回でよいので、今回書いた「エクセル1」を見直してください。これを3日間、3週間と続けていけば、徐々に記憶に留めていくことができるでしょう。

実践のコツは、「全文を丸暗記しないこと」です。

特に理念の文章が長い会社の場合は、キーワード単位で覚えていきましょう。長文の場合、どのみち全文を暗記することは不可能です。

大事なキーワードを使って、ある程度は自分の言葉で再現できるようにしておく。そのほうが「自分ごと」として捉えられるため、理念がどんどん身近なものとなっていきます。

一方、あなたがもし経営者なのであれば、理念はできるだけ短く、シンプルにしていきましょう。

参考までに、私が代表を務める「1枚」ワークス株式会社では、

「1枚」で　自力と自信　輝かす

という言葉に理念を集約し、日々の仕事の拠り所としています。

弊社のような5・7・5形式の俳句スタイルが、リズム的に覚えやすく、それでいてかなり濃密な文脈も込められるためおススメです。

「紙1枚」で、理念を自分の判断基準に落とし込んでしまう方法。ここまでの内容をかみしめながら、日々の仕事に役立てていってください。

終章

最後にして最重要のキーワード

最後の章では、松下幸之助が残した
最も大切な「ある言葉」に遂にアクセスする。

これまでの学びはすべて、この言葉にたどり着くための
準備段階だったと言っても過言ではない。

それでは紹介しよう。
松下幸之助の世界観を
自身の働き方にインストールしていく上で、
最重要のキーワード、それは……。

素直な心

▼「素直」――松下幸之助が最も大切にした言葉

まずは1つ、「素直さ」に関する言葉を紹介したいと思います。

経営者が経営を進めていく上での心がまえとして大切なことはいろいろあるが、いちばん根本になるものとして、私自身が考え、努めているのは素直な心ということである。経営者にこの素直な心があってはじめて、これまでに述べてきたこと（注・『実践経営哲学』で述べてきた自らの経営理念、経営哲学）が生きてくるのであり、素直な心を欠いた経営は決して長きにわたって発展していくことはできない。

素直な心とは、いいかえれば、とらわれない心である。自分の利害とか感情、知識や先入観などにとらわれずに、物事をありのままに見ようとする心である。人間は心にとらわれがあると、物事をありのままに見ることができない。たとえていえば、色がついたり、ゆがんだレンズを通して、何かを見るようなものである。かりに、赤い色のレンズで見れば、白い紙でも目には赤く映る。ゆがんだレンズを通せば、まっすぐな棒でも曲がって見えるだろう。そういうことでは、物事の実相、真実の姿を正しくとらえることができない。だから、とらわれた心で物事にあたったのでは判断を間違えて、行動を過つことになりやすい。

それに対して、素直な心は、そうした色やゆがみのないレンズで見るようなもので、白いものは白く、まっすぐなものはまっすぐに、あるがままに見ることのできる心である。だから真実の姿、物事の実相を知ることができる。そういう心でものを見、事を行なっていけば、どういう場合でも、比較的過ちの少ない姿でやっていくことができる。

経営というのは、天地自然の理に従い、世間、大衆の声を聞き、社内の衆知を集めて、なすべきことを行なっていけば、必ず成功するものである。その意味では必ずしもむずかしいことではない。しかし、そういうことができるためには、経営者に素直な心がなくてはならない。

『実践経営哲学』

実は、本書の冒頭から、私は何度も「素直」という言葉を使っていました。

しかも、あえてカギカッコに入れて強調しておきました。

もしあなたが、「どうして毎回、カギカッコつきで素直と書いているのだろう」と不思議に思っていたのだとしたら、細部までよく読めている証拠です。

カギカッコをつけてわざわざ強調した理由は、ここができていないと、本書の学びを実践することが難しくなってしまうからです。

最後の部分だけ、もう一度抜き出して掲載します。


経営というのは、天地自然の理に従い、世間、大衆の声を聞き、社内の衆知を集めて、なすべきことを行なっていけば、必ず成功するものである。その意味では必ずしもむずかしいことではない。しかし、そういうことができるためには、経営者に素直な心がなくてはならない。

本書の内容が凝縮されたような3文ですが、これからフォーカスをあてたいのは最後の1文。松下幸之助が言うように、「素直な心」があってはじめて、これまでに述べてきたことが生きてくるのです。

たとえば第1章の「ポジティブ・フォーカス」について、実際に何人かの受講者にまとめて教えた時のことです。

ある受講者は、教えた通りにそのまま「エクセル1」を書いてくれました。

ところが、別の受講者を見ていると、線を引く順番が教えた流れとは違うのです。

続いて青ペンでキーワードを書き出していく時も、私は「上から下に書き出してくださ い」と伝えているにもかかわらず、素直にその通り書く人と、「左から右に」「ランダムに」という具合に、教えたものとは違う書き方をする人に分かれてしまいました。

「キーワードだしは青、そのあとのまとめは赤」というルールにしていますが、これについても3色もっているにもかかわらず、すべて緑でやったり青と緑を入れ替えて使ったりする人がどうしても現れます。

「一番左上のフレームには日付・テーマを書く」としていますが、日付なし、場合によっては「自明だから」とテーマも書かずに「エクセル1」を作成してしまう人すらいます。

なぜ、教えられた通りにやれないのか。

これまで7000名以上の受講者の方々と向き合う中で、その理由は「素直さが足りないからだ」というシンプルな言葉に収束していきました。

素直に、教えられた通りにやってくれたら、もっとカンタンに身につけられるのに……。なぜわざわざ難しく、あえて複雑に、むしろできなくなるようなシチュエーションでやろうとしてしまうのか……。

ある時、とてもシンボリックな出来事がありました。私の講座受講者の最年少は14歳の女の子なのですが、大人に交じって受講してくれた彼女にはある長所がありました。

周囲の大人たちよりも、圧倒的に「素直」だったのです。

その結果、どのワークも真っ先に完了できたのは彼女でした。作成した「紙1枚」の発表が一番わかりやすかったのも彼女でした。我々大人たちは、いったいいつから、このような「素直さ」を失ってしまったのでしょうか……。

念のため補足しておきますが、松下幸之助が言っていた「素直」とは、「言われたことを言われた通りにやる」といった単純な概念ではありません。それでも、ここで例に出した彼女の「素直さ」は、その一端をよく表していると感じます。

「素直さ」に関する松下幸之助の言葉を、もう1つ紹介します。

ここまでで少しずつチューニングもできてきていると思いますので、ぜひじっくり読んで理解をさらに深めてみてください。

逆境――それはその人に与えられた尊い試練であり、この境涯《きょうがい》にきたえられてきた人はまことに強靱《きょうじん》である。古来、偉大なる人は、逆境にもまれながらも、不屈の精神で生き抜いた経験を数多く持っている。

まことに逆境は尊い。だが、これを尊ぶあまりに、これにとらわれ、逆境でなければ人間が完成しないと思いこむことは、一種の偏見ではなかろうか。

逆境は尊い。しかしまた順境も尊い。要は逆境であれ、順境であれ、その与えられた境涯に素直に生きることである。謙虚の心を忘れぬことである。

素直さを失ったとき、逆境は卑屈を生み、順境は自惚《うぬぼれ》を生む。逆境、順境そのいずれをも問わぬ。それはそのときのその人に与えられた一つの運命である。ただその境涯に素直に生きるがよい。

素直さは人を強く正しく聡明《そうめい》にする。逆境に素直に生き抜いてきた人、順境に素直に伸びてきた人、その道程は異なっても、同じ強さと正しさと聡明さを持つ。

おたがいに、とらわれることなく、甘えることなく、素直にその境涯に生きてゆきたいものである。

『道をひらく』

▼カギは「ニュートラル」にあり

この松下幸之助の言葉を読んで、もしかすると混乱した読者がいるかもしれません。

それもそのはず。ここからの内容は本書の中で最も抽象度が高く、理解しにくい場所となります。どうぞ最大限の集中力で読み進めていってください。

扱いたいテーマは、「ポジティブ・フォーカス」と「素直さ」の関係性についてです。

第1章を思い出してください。

「昨日の出来事」というテーマで「エクセル1」を書き、ポジティブに捉えられることを増やす練習を行いました。

仮に、青ペンでキーワードを13個埋め、そのうちの4個が赤ペンで囲えたとしましょう。

その後、松下幸之助の名言を読み返し、その世界観を自身に印象づけた状態で、さらに1個2個とポジティブに捉えられる出来事を増やしていこう――そんな実践法でした。

実を言うと、この実践法は「初級」レベルです。

「中級」レベルの実践では、もう1ステップだけやることが増えます。

具体的には、すべてのワークをやった後に、ブツブツとこう言ってみてほしいのです。

「私は、13個中4個についてポジティブに捉えることができる人間なんだな。それが松下幸之助の名言に触れたことで、もう2個だけ増やすことができた。自分は現状、そういう人間なんだな」

と。口にだしてでも、心の中ででもかまいません。「紙1枚」書いてみたことによって起きた事実を、淡々と言語化するようにしてほしいのです。

この新たに付け加えたプロセスは、実は「ポジティブ・フォーカス」ではありません。かといって「4個しかポジティブに捉えられなかった。なんて自分はダメなんだ」とネガティブに捉えているわけでもありません。

自分を客観視し、単に事実として現状を把握しているだけです。

本書では、これを、「ニュートラル」の状態と呼びます。

「ポジティブ・フォーカス」はたしかに大切です。

ですが、「ポジティブ・フォーカス」以上に大切なことがあります。

それが、ポジティブでもない、ネガティブでもない、「ニュートラル＝素直にものごとを客観的に捉えられる状態」なのです。

▼「紙に書き出すこと」がニュートラル＝素直さを育む

また1つ、松下幸之助の名言を紹介します。

テーマは、「自己観照《じこかんしょう》」。

聞き慣れない言葉ですが、ここまでの文脈を踏まえて読んでもらえれば、十分理解できるはずです。

お互いが充実した人生を送るために忘れてはならないことの一つとして、自分自身をよく知るというか、自分がもっている特質や適性、力などを正しくつかむ、ということがあると思います。自分を正しくつかめば、うぬぼれることも、卑屈になることもなく、自分の持ち味や力をそのまま発揮することがしやすくなる。そこから人間として好ましい成功の姿といったものも生まれてくると思うのです。

（中略）

この「自分で自分を知る」ということが、案外むずかしいのです。自分のことなのだから、自分がいちばんよく知っていていいはずなのに、実際には、自分のよさに十分気づかなかったり、反対に自分の実力を過大評価してみたりといったことがよくあるわけです。

しかし、それがいかにむずかしくても、私たちはやはり、自分を正しくつかむように努めていかなくてはなりません。とすれば、そのためにはどうしたらいいのでしょうか。

これについて私は、これまで〝自己観照〟ということを自分でも心がけ、人にも勧めてきました。それはどういうことかというと、自分で自分を、あたかも他人に接するような態度で外から冷静に観察してみる、ということです。いいかえると、自分の心をいったん自分の外へ出して、その出した心で自分自身を眺めてみるのです。

といっても、実際に自分の心を外へ取り出すといったことは、できることではありません。しかし、あたかも取り出したような心境で、客観的に自分をみつめてみる。それが私のいう自己観照で、これをすれば、比較的正しく自分がつかめるのではないかと思うのです。

『人生心得帖』

素直な心、ニュートラルな状態で自己を認識するためには、客観視が必要です。

松下幸之助は「自己観照」という言葉を使い、また「自分の心を外へ取り出す」といったことはできないとしていますが、本書を読んでもらったあなたなら、「できる」と思うのではないでしょうか。

そうです！

自分の心をいったん自分の外へ出して、その出した心で自分自身を眺めてみるのです。

というのは、要するに、

紙に書き出してみる

ということなのではないでしょうか。

本書を通じて、あなたはすでに合計15枚の「紙1枚」を書いてきたことになります。これは見方を変えると、あなたのアタマの中にある情報を、色々なテーマで「はき出した」とも言えます。

「エクセル1」の作成を通じて、アタマの中にある情報を書き出す、はき出す。もう少しビジネスライクな言い回しにするなら、アウトプットする。これを繰り返していると、次第にアタマの中が「空《から》っぽ」になっていきます。

実は、このいったん「空っぽにする」というのが、「ニュートラル」になるための前提条件なのです。つまり、本書で紹介しているワークに一通り取り組んでもらえば、もうそれだけで「素直さ」を養うための事前準備が完了したことになります。

そして、空っぽのアタマで、これまで作成した「紙1枚」を改めて眺めるからこそ、「あたかも（心を外に）取り出したような心境で、客観的に自分をみつめてみる」ということが、やりやすくなってくるのです。

もう1つ、「是非善悪以前《ぜひぜんあく》」というキーワードと、「素直さ」の接続をしておきます。以下の言葉を読んでみてください。

この大自然は、山あり川あり海ありだが、すべてはチャンと何ものかの力によって設営されている。そして、その中に住む生物は、鳥は鳥、犬は犬、人間は人間と、これまたいわば運命的に設定されてしまっている。

これは是非善悪以前の問題で、よいわるいを越えて、そのように運命づけられているのである。その人間のなかでも、個々に見れば、また一人ひとり、みなちがった形において運命づけられている。生まれつき声のいい人もあれば、算数に明るい人もある。手先の器用な人もあれば、生来不器用な人もある。身体の丈夫な人もあれば、生まれつき弱い人もいる。いってみれば、その人の人生は、九〇パーセントまでが、いわゆる人知を越えた運命の力によって、すでに設定されているのであって、残りの一〇パーセントぐらいが、人間の知恵、才覚《さいかく》によって左右されるといえるのではなかろうか。

これもまた是非善悪以前の問題であるが、こういうものの見方考え方に立てば、得意におごらず失意に落胆せず、平々淡々、素直に謙虚にわが道をひらいてゆけるのではなかろうか。考え方はいろいろあろうが、時にこうした心境にも思いをひそめてみたい。

『道をひらく』

内容はすんなり理解できたと思います。

「是」や「善」というポジティブ以上に、「是非善悪以前」が重要。すなわち、まずはニュートラルに捉えるということです。その上で、そのことをポジティブに解釈するかネガティブに解釈するかは、あなたの自由。

ここに、「素直さ」を目指す意義があります。

ニュートラル＝素直な状態とは、「自由」が実現した状態なのです。

ただ、どうせどちらで捉えてもかまわないのであれば、日々を幸せに、楽しく過ごしていけるほうで捉えたいというのが、それこそ素直な考えだと思います。

また、そもそも多くの人は知らず知らずのうちにネガティブに捉えるクセがついてしまっているわけですから、「まずはポジティブ・フォーカスの練習をしましょう」と本書の冒頭で提案したわけです。

ポジティブ・ネガティブはどちらを選んでも自由。
どちらでも選べる「自由自在な自分」を手に入れよう。

これが、本書で言いたかった本当のところなのです。

実際、「ポジティブ・フォーカス」原理主義は、それはそれで不自由です。

第2章の「発意・実行・反省」のパートで解説した通り、反省という文脈において、過剰なポジティブ思考はむしろ邪魔になることがあります。

すべては毒にも薬にもなる、すべては陰陽両面ある。薬だから、陽だから、無条件に正しいということではないのです。

必要に応じて、両極を自由に行き来できるニュートラルな状態。

それこそが「素直さ」であり、それを「客観視」によって育んでいくことこそが、『一超訳より超実践―「紙1枚!」松下幸之助』の最終ゴールなのです。

▼素直な心を実践する

それでは、ニュートラル＝「素直さ」をどう磨いていくかについて紹介していきます。

いや、正確に言いましょう。先ほども少し触れたように、

実は、「素直さ」を養うための「紙1枚」は、すでにたくさん書いています。

本書を通じて大量の「エクセル1」を作成したことによって、あなたのアタマの中のはき出しは、相当できているはずです。「もう書けないというくらいにだしすぎて、アタマが空っぽになった感じです」という心境になっているのであれば、準備は万端です。

あとは、先ほど紹介した「中級」のプロセスを、これまで書いたすべての「紙1枚」にたいしてやっていく。

それだけで十分「素直さ」を養っていくことは可能です。

たとえば、「第2章」の「生成発展」のパートで、「なぜ働くのか？」というテーマで「紙1枚」を書いてもらいました。あの「エクセル1」についても、改めてこうブツブツと言語化してみてほしいのです。

「私は、働く理由を6個書き出すことができて、そのうちの3つ、○○と△△と□□が特に重要だと考えている人間なんだな」と。

こうやって、あたかも人ごとのように、突き放してみる。

この客観視トレーニングが、素直さの醸成に効いてくるのです。

あるいは、「一日教養、一日休養」のパートでは、「休日は何をして過ごしているか？」というテーマで「エクセル1」を書きました。

これについても、同じようにブツブツと、淡々と「自分は○○というテーマについては、△△というキーワードを書き出す人間なんだな」と言語化してみてください。

なお、この「紙1枚」に関しては、「他者への貢献」につながるような学習機会が入っているかというチェックをかけました。

その結果、読者によっては「全然そんなことは書いていませんでした」「学習のことは書いていても、人のためではなく、どれも自分のためばかりでした」とネガティブに捉えてしまったかもしれません。

ですが、いまフォーカスをあてたいのは、そういったネガティブな捉え方をする前の段階の話です。まずは淡々と、事実として書いた情報のみを把握する。その上で、落ち込むか喜ぶか、どちらの解釈にフォーカスするかはあなたの自由。この思考回路です。

ただ、こうした自由を手に入れるためには、どうしても「まずは素直に捉える」という段階をワンクッション挟む必要があるのです。

「素直な心」の実践

すべての「紙1枚」を客観視する

以上、なんとか理解していただけたでしょうか。本書が目指す山の頂《いただき》を、おぼろげながらでも捉えることができたでしょうか。最後のワークとして、これまで作成したすべての「紙1枚」について、同じことをやってみてください。

「こういうテーマについては、自分は3個だけキーワードが出せる人間なんだな」

「このテーマの場合は、15個でも足りないくらい書ける人間なんだな」

「このテーマだと、ここを赤ペンで囲いたくなる人間なんだな」

という具合に、ブツブツと事実を言語化するステップをくわえて振り返ってもらえればOKです。本書のよい復習にもなるでしょう。

何より是非善悪以前、それがよいのか悪いのかはいったん度外視して、自分を客観視する能力を高めていくトレーニングとして行ってみてください。

ところで、これまで何度か「客観視」という言葉を使いました。

「観る」そして「視る」という漢字から自明の通り、「見える」ようにしなければ客観視はできません。

ではどうすれば「自分が見える」状態にできるのかと言えば、物理的にはもちろん鏡ですが、思考や心の状態を映し出すには、やはり「紙に書き出す」ということになるのではないでしょうか。

「素直さ」にせよ「前向き」にせよ、あるいは「長所を見る」もそうですが、ともかく松下幸之助的な世界観を自身に取り込んでいく上で、「紙に書き出す」以上に有効な方法を私は知りません。

だからこそ、本書は『ｰ超訳より超実践ｰ「紙1枚！」松下幸之助』と銘打って、自身を客観視し、必要な思考回路をインストールする方法について徹底解説してきました。

奇をてらったタイトルではなく、これ以上の王道はないと思っています。

くわえて、本書で書く「紙1枚」はどれも1回あたりの負荷をとことん落とし、非常にシンプルなものにしました。なぜかと言えば、この手法は長きにわたって実践し続けていくことを前提にしているからです。

このことを踏まえて、最後の名言紹介です。

聞くところによると、碁を習っている人は、特別に先生につかなくとも、だいたい一万回くらい碁を打てば初段になれるということです。素直な心の場合も、やはりそ

れと同じようなことがいえるのではないかと思います。素直な心になりたいということをまず念願し、それを朝夕、心に思い浮かべるのです。つまり、素直な心は偉大な働きのある尊いものだから、自分はぜひ素直な心になりたい、というようなことを朝夕くり返し心に思い浮かべていくことが大切ではないかと思うのです。

そうして、きのうの行ない、きょうの行ないに素直な心が働いていたかどうかをよく検討し、反省をすることが大切だと思います。自分で自分をもう一度ふり返ってみて、はたしてかたよったものの見方をしていなかったかどうか、とらわれた態度がなかったかどうかと、よく反省をすることが大切なのです。

そのように、たえず日常の行ないを反省すると同時に、とらわれない広い視野に立って物事を判断したかどうか、きのうの行ない、きょうのできごとに、とらわれない心が働いていたかどうかをふり返り、そのような心を少しでも養うよう精進をつむことが大切だと思います。そういう姿を一年、二年、三年と続けて、約三十年を経たならば、やがては素直の初段ともいうべき段階に到達することもできるのではないかと思うのです。

そして素直の初段にもなったならば、これはまず一人前の素直な心といえるでしょ

う。だから特別の場合は別として、だいたいにおいては、まずあやまちなき判断や行動ができるようになってくると思います。

『素直な心になるために』

今回紹介した「紙1枚書く」という手法で、30年がいったい何年に短縮されるのかは私にもよくわかりません。

ただ、少なくとも、どうすれば具体的な行動を伴ったカタチで、「素直の初段」を目指せるのかについては、本書で十二分に理解できたはずです。

松下幸之助ですら30年と言っている以上、時間的視野は広くとっておきたいと思います。とはいえ、やることは1日1日、いや1枚1枚の積み重ねです。

あなたと一緒に、これからこの「紙1枚」の道を歩んでいけるのであれば、著者としてこれほど嬉しいことはありません。

その結果、松下幸之助が残してくれた珠玉の言葉を、当たり前のように日々実践しているビジネスパーソンが日本中に溢れていくのだとしたら……。

そんな希望とともに、本書を終えたいと思います。

あとがき

本書で紹介した名言は極力、「心得帖シリーズ」から引用しました。
「心得帖シリーズ」とは、人生・仕事・商売に対する松下幸之助の基本的な考え方がまとめられている6点の作品です。

松下幸之助の著作は膨大になりますが、この6点は1つひとつがコンパクトで非常に読みやすくなっています。

本書を通じて松下幸之助に興味をもった方は、これらをまず読破されることをおススメします。

・『商売心得帖』
・『経営心得帖』
・『社員心得帖』

・**『人生心得帖』**
・**『実践経営哲学』**
・**『経営のコツここなりと気づいた価値は百万両』**

また、右記以外の書籍として、以下の3冊からも名言を紹介しました。

・**『人生談義』**
・**『素直な心になるために』**
・**『道をひらく』**

『人生談義』は、20代の頃に読んで、「そうか、ものごとにはこんな楽観的な捉え方があるのか」と感動した書籍です。

『素直な心になるために』は、本書の最後に紹介した名言が収められた書籍です。終章の内容そのままズバリのタイトルです。ぜひ読んでみてください。

それと、言わずと知れた『道をひらく』に関しては、あえてオーディオブックの紹介をさせてください。

朗読は人気声優の大塚明夫さん。ブラック・ジャック、『攻殻機動隊』のバトー、『機動戦士ガンダム００８３』のガトー、スティーブン・セガールの吹き替え等々、誰もが一度は耳にしたことのあるあの美声で、『道をひらく』を聞くことができます。

書籍では得られない新鮮な気づきを得ることができますので、すでに読んだことがある人は、この機会にオーディオブック版に触れてみてください。

実を言うと、今回この本のコンセプトが浮かんだ最初のきっかけは、このオーディオブックを通じて、久しぶりに『道をひらく』とじっくり向き合ったことでした。

その後、縁あって本書の版元であるＰＨＰ研究所から出版オファーをいただきました。

学生時代から松下幸之助の愛読者であった私にとって、これは本当に喜ばしいことでした。松下幸之助がつくったＰＨＰから本を出せる。こんなありがたいことはありません。

ただ、当初オファーしてもらったテーマは、まったく本書とは異なるものでした。はじめはそのテーマで執筆を試みたのですが、まえがき以降の本文がうまく書けず停滞……。

その間、執筆テーマとは直接関係のない松下幸之助の著作ばかりを読み漁り、原稿作成からは逃避するような日々を過ごしていました。

行き詰まった状況を打破する転機となったのは、2人のミリオンセラー作家が書いた2冊の「松下幸之助論」との出会いでした。

1冊目は、「生きがいの創造」シリーズ等で著名な、飯田史彦さんによる『松下幸之助に学ぶ人生論』。

もう1冊は、「ユダヤ人大富豪の教え」シリーズ等で著名な、本田健さんによる『運命をひらく――生き方上手〈松下幸之助〉の教え』という著作でした。

この2冊を同じタイミングで読んでいる時、私の心に1つのセリフが浮かんできました。

「あ、書けた！」

松下幸之助の言葉を借りれば、これが「発意」の瞬間だったのでしょう。気づけば、〝「紙1枚」書くだけで松下幸之助の働き方が実践できる本〟というコンセプトで企画書を作成している自分がいました。そして、その企画書を「紙1枚」にまとめて、PHPの担当編集者に逆提案している自分がいました。

その後、実質2週間程度で本書の元原稿を一気に書くことができました。湯水のごとく文字が溢れてきたのです。それが消えてしまう前になんとかカタチにしておかなければという状態で、文字通り無我夢中の時間を過ごしました。

ただ、原稿がおおかたできあがった時点ではまだ企画書が通っておらず、本書が世にでるかどうかはわからない状況でした。

そもそも、「是々非々」で言うならトヨタ出身の私に、まだ30代の私に、ミリオンセラー作家でもない私に、松下幸之助を語る資格などないという話にもなりかねません。この企画が通る確率なんて、理詰めで考えたら1割もないだろうと感じていました。

それでも、この本を書かずにはいられませんでした。

まさに「是非善悪以前」です。

どう扱われるかはいったん脇に置いておいて、ともかく今回の内容が読者にとって、ビジネス書業界にとって、ひいては日本のビジネス環境全体にとって、その生成発展に貢献できるものだという確信がわいてしまったのです。

そうである以上、これをカタチにすることはもはや責務なんだ、これを眠らせておくことは責任を放棄することなんだ、とにかく自分はこれを書きたいんだという心の声に、

「素直に」従いました。

いざ原稿をＰＨＰに渡してみると、もともとＰＨＰ研究所としても、「実践する松下幸之助」といったコンセプトで新著を出したいニーズがあったとわかってきました。くわえて、たまたま今年（２０１８年）が、パナソニックの創業１００周年にあたるなどのご縁も重なり、あれよあれよと刊行に向けた動きが加速していきました。

自分の心にわいた発意が、このようなカタチで本当に結実してしまったのです。いまだに「これは夢なのでは」と感じる時もあるくらい、不思議な経緯で本書は誕生しました。

ただ、たとえ経緯は摩訶《まか》不思議でも、たしかなことが１つあります。

私１人のチカラでは、決して実現できなかったという点です。ＰＨＰ研究所の渡邊祐介さん・櫻井済徳さんには、創業１００周年記念のプロジェクトが目白押しという状況下にもかかわらず、多くの時間を割いて本書のサポートをしていただきました。何より、編集の宮脇崇広さんからのお声がけがなければ、本書の発意はありえませんでした。他にも、社内でこの企画を通すべく宮脇さんと共に尽力してくださった編集長の中村康教さん、素敵な装丁に仕上げてくださった井上新八さん等々、本書に携わっていただいたすべての方々に深く感謝申し上げます。

そして、妻と1歳になる長男にもただただ感謝の気持ちでいっぱいです。実は今回の執筆終盤、私は育児中に腕を骨折してしまいました。子育てや家事の大半ができなくなってしまい、妻には本当に迷惑をかけてしまいました。

キーボードすら満足に打てない状況に陥りながらも、本書を最後まで執筆できたのは、妻と、いつも元気いっぱいに幸せを届けてくれる息子のおかげです。2人とも本当にありがとう！

一風変わったアグレッシブな名言集、過去に例のないユニークな松下幸之助本である本書は、以上の軌跡を経てあなたの手元に届く運びとなりました。

最後に、序章で触れたメッセージに戻らせてください。

この「超実践本」の主役は、あくまでも「あなた」自身です。

読者限定のサポート特典（巻末参照）も用意していますので、どうか読後も、本書の主人公としての実践を止めないでください。

「紙1枚」で、自身と周囲の生成発展に貢献するという大道

をこれからともに歩み、お互いにその道を極めていきましょう。

平成30年3月

「1枚」ワークス株式会社　代表取締役　浅田すぐる

『－超訳より超実践－　「紙1枚！」松下幸之助』

3つのサポート特典

最後までお読みいただき、ありがとうございました。
感謝の気持ちを込めて、
また、本書の学びをよりよく実践していただけるように、
「3つのサポート特典」をご用意しました。

①「理解」サポート特典：
「衆知を集める」と「多数決」は違う!?

「和」を好む日本人の多くが誤解しやすい上記テーマについて、
読者限定の特別講義を収録しました。本文では構成上カット
しましたが重要な内容です。ぜひ理解を深めてください。

②「実践」サポート特典：
「長所を見る力」を「紙1枚」でさらに高める方法

構成の都合上、カットせざるを得なかったもう1つの「エクセル1」活用法。
動画講義を通じて、「書き方・使い方」を丁寧に解説しています。
「実践」へのイメージをよりクリアにしていってください！

③「継続」サポート特典：

詳しくは、特典ページにてご案内させていただきます。
以下のURL、もしくはQRコードからアクセスしてください。

http://asadasuguru.com/1matsu
※ パスワード：sunao

書名	初版発行年月	概要	発刊形式	電子版
『人生談義』	1990年6月	幸せ、人情、夫婦、父親、母親……よりよく生きるための、いわば人生のメモとして、92歳から亡くなる直前まで月刊誌『PHP』に綴り続けたエッセイ。松下幸之助最晩年の感慨が、ここにある。	単行本 PHP文庫	あり
『素直な心になるために』	1976年9月	松下幸之助が終生求め続けた“素直な心”。それは、物事の実相を見極め、強く正しく聡明な人生の歩みを可能にする心をいう。お互いが素直な心を養い高め、自他ともの幸せを実現するための処方箋。	単行本 PHP文庫	あり
『道をひらく』	1968年5月	運命を切りひらくために。日々を新鮮な心で迎えるために―。人生への深い洞察をもとに綴った短編随想集。半世紀にわたって読み継がれる、発行部数530万部超のロング&ベストセラー。	単行本	あり
『[オーディオブック付]道をひらく』	2017年3月	『道をひらく』の121篇のエッセイすべてを、人気声優・大塚明夫氏が朗読。音声の「ダウンロード用シリアルコード」付書籍。松下幸之助本人の肉声による「その日その日を大切に」も収録。	単行本	なし
『人事万華鏡』（『事業は人なり』）	1977年9月	“事業は人なり”―業績を伸ばし、発展し続ける企業の秘密は人にある。複雑かつ千変万化する人の心をとらえ、それぞれの人を育て活かしていくための考え方を、エピソードをまじえて綴った書。	単行本 PHP文庫 PHPビジネス新書 ※4	あり
『松下幸之助発言集』全45巻	1991年4月～1993年2月	松下幸之助がさまざまな場で行なった講演・対談・インタビュー・記者会見および、松下電器（現パナソニック）やPHP研究所、松下政経塾内での講話・問答などでの発言の記録を整理・編纂したもの。	単行本 PHP文庫 ※5	なし ※6

※4　PHPビジネス新書版では、タイトルを『事業は人なり』に改題

※5　PHP文庫は『松下幸之助発言集ベストセレクション（第一巻～第十巻）』として、発言集全45巻から厳選したもの

※6　PHP文庫『松下幸之助発言集ベストセレクション』のみ電子版あり

出典一覧

書名	初版発行年月	概要	発刊形式	電子版
『商売心得帖』	1973年2月	商売は朝に発意、昼に実行、夕べに反省の繰り返し――。事業一筋半世紀、その豊富な体験と深い思索から説く商売のコツとは。いかなる時代にも通ずるビジネスの基本と本質がつまった一冊。	単行本 PHP文庫 PHPビジネス新書 ※1	あり
『経営心得帖』	1974年7月	好況と不況、インフレとデフレ……企業を取り巻く経営環境は変わり続ける。その中にあって常に商売を拡大させていく使命が経営者には課せられている。“経営の達人”が説く、経営の機微と真髄。	単行本 PHP文庫 PHPビジネス新書 ※1	あり
『社員心得帖』	1981年9月	企業組織に生きる者には、いかなる心がまえが必要なのか。新入社員から中堅、幹部まで、社員として働く喜びや生きがいを味わい、みずからの能力を高めるためになすべきことを説いた自己啓発書。	単行本 PHP文庫 PHPビジネス新書 ※2	あり
『人生心得帖』	1984年9月	人生における成功とは、みずからに与えられた天分を生かしきることだと松下幸之助は言う。その天分をいかにして見出し、発揮させるか。90歳にして“いまだ修業の途上”と語った松下が贈る人生の指針。	単行本 PHP文庫 PHPビジネス新書 ※2	あり
『実践経営哲学』	1978年6月	事業経営におけるいちばんの根本は正しい経営理念である――。幾多の苦境、体験の中からつかんだ独自の経営観、経営哲学を著した一冊。松下経営の真髄がわかりやすく説かれた経営者必読の書。	単行本 PHP文庫 PHPビジネス新書 ※3	あり
『経営のコツここなりと気づいた価値は百万両』	1980年3月	何事にも“コツ”がある。コツさえつかめば物事は驚くほど順調に進むが、それは学ぼうとして学べるものではなく、いわば“悟る”ものだ――。自身の経験を通して語る、経営者へのメッセージ。	単行本 PHP文庫 PHPビジネス新書 ※3	あり

※1　合本『商売心得帖／経営心得帖』
※2　合本『人生心得帖／社員心得帖』
※3　合本『実践経営哲学／経営のコツここなりと気づいた価値は百万両』

〈著者略歴〉

浅田すぐる（あさだ　すぐる）

「１枚」ワークス株式会社 代表取締役

愛知県名古屋市出身。トヨタ自動車㈱入社後、海外営業部門に従事。米国勤務などを経験したのち、６年目で同社のグローバル企業ウェブサイト管理業務を担当。「伝わるサイト」へのカイゼンを実現し、企業サイトランキングで全業界を通じ日本一を獲得する。その後、㈱グロービスへの転職を経て、独立。現在はビジネスコミュニケーションをテーマにした企業研修・講演・コンサルティングなどを多数実施。受講者数は2018年３月時点で7,000名以上。自社独自の教育プログラム〝「伝わる」思考×「1枚」の型 1sheet Frame Works〟という１年間のスクールプログラムは、日本全国から受講者が集まる人気講座となっている。

著書に、『トヨタで学んだ「紙1枚！」にまとめる技術』『トヨタで学んだ「紙1枚！」にまとめる技術［超実践編］』『「いまの説明、わかりやすいね！」と言われるコツ』（以上、サンマーク出版）がある。

公式ウェブサイト

https://asadasuguru.com/

-超訳より超実践-「紙１枚！」松下幸之助

2018年4月24日　第１版第１刷発行

著　者	浅田すぐる
発行者	後藤淳一
発行所	株式会社PHP研究所
東京本部 〒135-8137	江東区豊洲5-6-52
第二制作部ビジネス課	☎03-3520-9619（編集）
普及部	☎03-3520-9630（販売）
京都本部 〒601-8411	京都市南区西九条北ノ内町11
PHP INTERFACE	https://www.php.co.jp/
組　版	有限会社エヴリ・シンク
印刷所	株式会社精興社
製本所	東京美術紙工協業組合

 ISBN978-4-569-83789-5